Knaur

Mini C ◆ Tanya Carr

Genussvoll Kochen bei Laktose-Intoleranz

100 köstliche Rezepte bei Milchzucker-Unverträglichkeit und Milchallergie
Mit einem Vorwort des Deutschen Allergie- und Asthmabundes e.V.

www.knaur-ratgeber.de

Widmung

Dieses Buch widme ich meiner Familie, vor allem meiner Mutter und meinem Sohn. Ihre Unterstützung, Ermutigung und konstruktive Kritik haben mir unglaublich geholfen. (Mini C)

Für meine wunderbaren, geliebten Eltern, zwei meiner besten Lehrer und Freunde. (Tanya Carr)

Danksagung

Mini C: Ich danke meiner Mutter Surapee Mudita Karnasuta, die mich gelehrt hat, hohe Maßstäbe anzulegen und doch nie die Bodenständigkeit zu verlieren. Durch ihre Liebe und Aufopferung habe ich gelernt, dass große Leistungen immer von innen kommen, wenn man weiß, dass man sich auf die Unterstützung geliebter Menschen verlassen kann. Auch meinem Kindermädchen Sunee möchte ich danken. Sie ist jetzt über 80 und war die erste Küchenchefin in unserem Restaurant Busabong. Von ihr habe ich die traditionellen, komplizierten thailändischen Kochmethoden gelernt. Ohne dieses Wissen hätte ich keine Rezepte mit authentischem Geschmack entwickeln können, die dennoch in unsere moderne, hektische Zeit passen. Ich danke all meinen Freunden, die mich unterstützt haben und die den Mut hatten, als Versuchskaninchen für die Rezepte herzuhalten: Meine Rezepte sind wirklich in der Praxis erprobt! Ich danke Gott für das Glück, mehr als die Hälfte meines Lebens im Ausland zu verbringen. Ohne diese Chance wäre ich nicht mit der westlichen und der östlichen Küche gleichermaßen vertraut.

Tanya Carr: Ich danke meiner Familie, meinen Freunden und Kollegen für ihre standhafte Hilfe und Ermutigung. Besonderer Dank geht an meine großartigen Schwestern Zoë und Heather, die zu haben ein Segen ist. Herzlichen Dank meinem Ehemann Shalom für seine Unterstützung, seinen Humor und seine Liebe, und an Eli, unseren wunderbar ruhigen Sohn, der mitten während der Arbeit an diesem Buch zur Welt kam. Außerdem danke ich Jenny, Muna, Ana und Ruth bei Kyle Cathie. Es war eine Freude, mit euch zu arbeiten.

Wichtiger Hinweis

Die in diesem Buch enthaltenen Informationen sind nur allgemeiner Natur, sie können nicht differenziert auf individuelle Einzelfälle eingehen und ersetzen keinesfalls die ausführliche Beratung durch einen Arzt oder Ernährungsberater. Eine Haftung des Autors sowie des Verlages und seiner Beauftragten für ernährungsbedingte Beschwerden ist ausdrücklich ausgeschlossen. Von einer Selbstdiagnose oder einer Selbstbehandlung länger anhaltender Beschwerden ohne Rücksprache mit einem Arzt oder Heilpraktiker wird dringend abgeraten.

Vorwort des Deutschen Allergie- und Asthmabundes e.V.

Milch und Milchprodukte schmecken lecker und gehören in der heutigen Zeit zur ausgewogenen und gesunden Ernährung. Allerdings bietet der Verzehr nicht für jeden Menschen einen Genuss. Rund zwei Drittel der Weltbevölkerung leiden unter einer Milchzucker-Unverträglichkeit. Diese Personen können das Kohlenhydrat der Milch (Milchzucker = Laktose), durch einen Enzymmangel nicht oder nicht ausreichend aufspalten. Es kommt zu Blähungen, Durchfällen und zum Teil massiven Darmkrämpfen. Die Therapie dieser Unverträglichkeit besteht aus einer laktosearmen oder -freien Diät. Diese Diät kann zeitlich begrenzt oder ein Leben lang nötig sein. Eine laktosearme oder -freie Ernährung sollte nur nach eindeutiger Diagnose durchgeführt werden. Lassen Sie sich durch spezialisierte Ernährungsfachkräfte beraten, um eine ausgewogene Ernährung zu gewährleisten. Je nach Schweregrad der Erkrankung ist die Lebensqualität der Betroffenen sehr eingeschränkt. Bei einer ausgeprägten Laktose-Intoleranz dürfen keinerlei Milchprodukte verzehrt werden und ein Außer-Haus-Verzehr ist fast unmöglich.
Umso wichtiger sind Kochbücher wie dieses, die abwechslungsreiche und schmackhafte Rezepte bieten. Wer allerdings erneut ein normales milchfreies Kochbuch erwartet, wird enttäuscht. Dieses Buch setzt sich über die alltägliche Küche hinweg und bietet raffinierte, leckere und einfach zuzubereitende Rezepte an. Keine langweilige Küche, im Gegenteil. Probieren Sie neue Geschmacksrichtungen mit Zutaten, die Ihnen einen laktosefreien Genuss bieten.
Neben dem Rezeptteil bietet das Buch einen informativen Theorieteil mit der Abgrenzung zur Milcheiweißallergie und Galaktosämie. Extra Kapitel zum Thema Ernährung für Kinder, milchfreies Einkaufen, essen gehen und ein professionelles Wort der Küchenchefin runden das Buch ab und bieten neue Einblicke in die laktosefreie Küche.

Trauen Sie sich, genießen Sie, Sie werden begeistert sein.

Guten Appetit

Sonja Lämmel, Ernährungswissenschaftlerin
Deutscher Allergie- und Asthmabund e.V. – DAAB

Laktosefrei – warum eigentlich?

Immer mehr Menschen entscheiden sich für eine laktosefreie Ernährung. Aber warum, und was genau bedeutet eigentlich laktosefrei? Manche Menschen haben für den Verzicht auf Milch und Milchprodukte religiöse Gründe, andere ernähren sich aus ethischen Motiven rein pflanzlich. Wieder andere vertragen Kuhmilch einfach nicht. Aus welchen Gründen auch immer – zunehmend suchen viele Menschen gesundheitliche und geschmackliche Alternativen zu Milchprodukten.

Gesund ohne Milch?

Eine der beliebtesten und gesündesten Alternativen zu Milch ist Soja. Wegen ihres großen gesundheitlichen Wertes sind Sojaprodukte in der Presse in den letzten Jahren verstärkt diskutiert worden – auch dadurch ist das Interesse an »milchfreier« Ernährung gestiegen. In Ländern, in denen regelmäßig Sojaprodukte verzehrt werden, liegen die Zahlen der Herz- und Krebserkrankungen niedriger, bei Frauen treten seltener Beschwerden während der Menopause auf. Die Forschung widmet sich dieser Thematik derzeit intensiv.

Ein weiterer Grund für die Reduzierung des Milchverbrauchs ist ihr hoher Gehalt an gesättigten Fetten, die das Risiko von Bluthochdruck und Herzkrankheiten erhöhen. Bekanntlich nehmen viele Menschen im Westen zu viele dieser gesättigten Fette zu sich. Immer wieder wird darauf hingewiesen, dass es sinnvoll ist, die Aufnahme gesättigter Fette zu reduzieren, deren Hauptlieferanten Fleisch und Milchprodukte sind. Statt nun auf fettarmes Fleisch und Magermilchprodukte auszuweichen, suchen viele Menschen geschmackliche Alternativen und wählen Soja oder andere Produkte mit geringem Gehalt an gesättigten Fetten.

Milch-Unverträglichkeit hat verschiedene Ursachen

Es gibt drei verschiedene Formen der Kuhmilch-Unverträglichkeit, die sich in ihren Symptomen unterscheiden und mit verschiedenen Methoden diagnostiziert werden. Die folgende Grafik veranschaulicht die Unterschiede.

Eine sehr seltene Form (1 : 50.000) der Milch-Unverträglichkeit ist die Galaktosämie. Bei diesem angeborenen Enzymdefekt kann Galaktose im Stoffwechsel nicht abgebaut werden, was zu schweren Schäden an verschiedenen Organen führen kann. Die Galaktosämie wird in den meisten Fällen bereits im Säuglingsalter festgestellt. Schon nach den ersten Lebenstagen verhalten sich die Neugeborenen auffällig, da sie die Muttermilch nicht vertragen. Neben Erbrechen, Durchfall und Nahrungsverweigerung können erste Zeichen einer Leberschädigung durch Gelb-

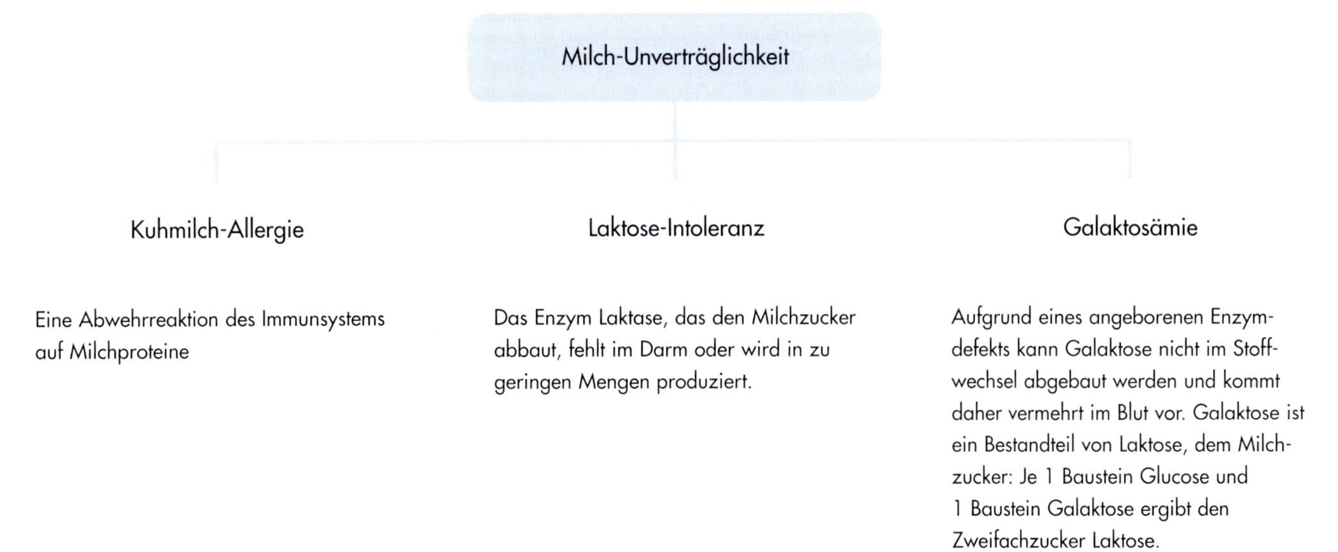

sucht, Wasseransammlungen oder Störung der Blutgerinnung beobachtet werden.

Wird eine Galaktosämie festgestellt, muss die normale Ernährung (Stillen oder übliche Säuglingsnahrung) sofort gestoppt und durch eine Spezialmilch, die weder Laktose noch Galaktose enthalten darf, ersetzt werden. Die Beschwerden bessern sich schon bald nach der Umstellung auf eine laktosefreie Ernährung. Weiterhin ist eine lebenslange Diät erforderlich, die den völligen Verzicht auf Milch- und Milchprodukte beinhaltet. Dazu zählen auch Lebensmittel, in denen versteckte Milchprodukte (siehe Seite 22) enthalten sind. Selbst bei strikter Einhaltung der Diät ist das Leben der Erkrankten in der Regel mit mehr oder weniger großen Beeinträchtigungen verbunden.

Wer sich milchfrei ernährt, braucht in Bezug auf Geschmack, Abwechslung oder Genuss keine Abstriche zu machen. Im Gegenteil: Die Entscheidung für eine veränderte Ernährung kann ein Neuanfang sein, der den Weg zur allgemeinen Gesundheit ebnet und einlädt, interessante Zutaten und ein ganzes Spektrum neuer Rezepte zu entdecken.

Dieses Buch wendet sich an alle, die sich für milchfreie Ernährung interessieren – ob im Rahmen einer streng milchfreien Ernährung, einer Reduktion von Milchprodukten oder nur, um ab und zu Alternativen auszuprobieren. Es enthält alle wissenswerten Informationen, die Sie benötigen, um abwechslungsreiche, genussvolle, milchfreie Gerichte für Familie und Gäste zuzubereiten.

Gründe für milchfreie Ernährung

- Kuhmilch-Allergie
- Galaktosämie – angeborene Stoffwechselstörung
- Laktose-Intoleranz
  - erblich bedingt, z. B. kommt der Laktosemangel im asiatischen Raum häufiger vor
  - nach einer Darminfektion oder Antibiotika-Behandlung
  - nach einer Darmoperation
  - wegen einer Erkrankung der Darmschleimhaut, z. B. Zöliakie
  - als Folge von Fehlernährung
- Religiöse Gründe
- Ethische Gründe, z. B. vegane Ernährung
- Wunsch nach »gesundem« Lebensstil

Was ist Laktose-Intoleranz?

Laktose (Milchzucker) ist ein natürlicher Zucker, der in der Muttermilch sowie in der Milch anderer Säugetiere enthalten ist. Fehlt das Enzym Laktase, kann die Laktose nicht verdaut werden und führt zu Darmbeschwerden. Laktose-Intoleranz (Milchzucker-Unverträglichkeit) ist keine Allergie.

Symptome

Im gesunden Darm zerlegt das Enzym Laktase die Laktose in die Einfachzucker Glukose und Galaktose, die der Körper absorbieren kann. Produziert der Körper keine oder nicht ausreichend Laktase, gelangt die Laktose unverdaut in den Dickdarm, wo sie den dortigen Bakterien als Nahrung dient. Typische Folgen sind Bauchschmerzen und Koliken, Völlegefühl und Übelkeit, Blähungen oder Durchfall.

Wer leidet an Laktose-Intoleranz?

Vermutlich sind etwa zwei Drittel der Weltbevölkerung von Laktasemangel betroffen. Meist ist der Mangel angeboren. Er tritt häufiger bei Heranwachsenden und Erwachsenen auf, in Einzelfällen fehlt die Fähigkeit zur Produktion von Laktase schon bei Neugeborenen. Bei Völkern in Südostasien, im Mittleren Osten und in Teilen Afrikas und Indiens tritt Laktose-Intoleranz häufiger auf. Dort nehmen die Menschen normalerweise nur im Säuglingsalter Milchprodukte zu sich, sodass der Körper später die Laktaseproduktion einstellt oder reduziert. Manche Betroffenen vertragen Milch in geringen Mengen. Bei regelmäßigem Verzehr würde der Körper die Laktaseproduktion wieder aufnehmen, und die Symptome würden ausbleiben. In Nordeuropa, wo regelmäßig Milchprodukte verbraucht werden, tritt der Laktasemangel seltener auf.

Eine vorübergehende Laktose-Intoleranz kann auch durch Fehlernährung, Darminfektion, Darmoperation oder Erkrankungen wie Zöliakie, die die Darmschleimhaut schädigen, verursacht werden.

Wie viel Milch ist zu viel?

Die Milchmenge, die Symptome auslösen kann, ist von Person zu Person unterschiedlich. Manche Betroffenen können täglich ein Glas Milch trinken, andere müssen Milch völlig meiden. Die Beratung sollte immer ein Arzt oder ein qualifizierter Ernährungsberater übernehmen. Viele Betroffene können Produkte mit niedrigem Laktosegehalt – etwa Hartkäse, Butter und Bio-Joghurt – ohne Beschwerden zu sich nehmen. Manche vertragen auch begrenzte Mengen Ziegen- oder Schafmilch, obwohl auch diese Laktose enthalten und eine Reaktion auslösen können. Für die Rezepte in diesem Buch werden jedoch keinerlei Milchprodukte verwendet, sodass alle Betroffenen sie bedenkenlos verzehren können. Wer geringe Mengen an Milchprodukten verträgt, kann die Rezepte auch abwandeln.

Lebensmittel, die Laktose enthalten

- Kuhmilch
- Ziegen- und Schafmilch
- Milchpulver, Milchtrockenmasse
- Buttermilch
- Käse, Käsepulver
- Joghurt (auch mit lebenden Kulturen)
- Frischkäse
- Butter, Margarine (sofern sie nicht als laktosefrei oder rein pflanzlich ausgewiesen ist)
- Sahne
- Eiscreme
- Milchzucker (Laktose)
- Milchschokolade
- Molke, Molkenprotein
- Einige kalorienarme Süßungsmittel
- Einige Würzmittel auf Glutamat-Basis

Weitere Laktose-Quellen

- Medikamente
- Nahrungsergänzungsmittel, z. B. Vitamin- und Mineralstoffkapseln
- Einige Zahncremes

Wissenswertes über Allergien

Eine Allergie ist eine heftige Überreaktion des Immunsystems auf ein Lebensmittel oder einen Inhaltsstoff. Normalerweise hat das Immunsystem eine Abwehrfunktion. Es schützt den Organismus vor schädlichen Viren und Bakterien, die Krankheiten verursachen können. Das Immunsystem eines Allergikers ist gestört und verursacht eine Abwehrreaktion des Körpers auf eine normalerweise unschädliche Substanz.

Bei einer typischen allergischen Reaktion löst das Immunsystem sehr schnell die Produktion von so genannten Antikörpern (Immunglobulinen) aus. Bei einer Milchallergie wird die Antikörper-Produktion durch die Milchproteine (Milcheiweiß) verursacht. Der Körper schüttet Histamine aus, die allergische Reaktion auslösen. Eine Reaktion auf Nahrungsproteine, beispielsweise in Milch, ist oft ein Indiz für eine spätere Allergie bei Atemreizen, etwa durch Staub oder Pollen.

Weil so viele Stoffe Allergien auslösen können, ist die kritische Substanz oft schwierig zu identifizieren. Bei einer Nahrungsmittelallergie gehören zu den üblichen Verdächtigen beispielsweise Milch und Milchprodukte, aber auch Nüsse, Samen, Fisch, Eier und Weizen. Auch die Symptome können unterschiedlich sein, von leichtem Unbehagen über Krankheit bis – in extremen Fällen – zum Tod. Eine extreme allergische Reaktion, der so genannte anaphylaktische Schock, führt zu lebensbedrohendem Versagen des Herz-Kreislauf-Systems, kommt aber selten vor. Um bei Auftreten von Beschwerden richtig handeln zu können, muss das auslösende Allergen bekannt sein. Je nach Art der Symptome kann es genügen, den Verzehr zu reduzieren. Manchmal ist es auch nötig, vorübergehend oder langfristig ganz darauf zu verzichten.

Wie entstehen Allergien?

Die Ursachen von Allergien sind noch nicht ausreichend erforscht, doch die Wissenschaft widmet sich dem komplexen und umstrittenen Thema eingehend. Eine erbliche Veranlagung ist wahrscheinlich. Liegen in der Familiengeschichte Allergien vor, erkranken Kinder häufiger. Kinder, deren beide Eltern Allergiker sind, haben ein fünfmal höheres Erkrankungsrisiko als Kinder allergiefreier Eltern.

Immer mehr Allergien?

Es scheint, als seien Allergien insgesamt auf dem Vormarsch. Die Diagnose ist allerdings schwierig, und viele Fälle werden von Statistiken nicht erfasst, weil die Betroffenen die Symptome einfach hinnehmen und lernen, damit zu leben.

Die Berichterstattung der Presse erweckt jedoch den Eindruck, dass Nahrungsmittelunverträglichkeiten und Allergien zunehmen. Das mag eine Folge der heutigen Lebensbedingungen sein, die durch Luftverschmutzung, »sterilere« Räume und einen verstärkten Einsatz von Chemikalien und Pestiziden geprägt sind. Es wird auch argumentiert, dass die moderne Medizin das Infektionsrisiko gesenkt hat, sodass unser Immunsystem nicht ausreichend gefordert wird und bei entsprechend veranlagten Personen auf harmlose Substanzen reagiert. Diese Überlegungen sind jedoch nicht wissenschaftlich untermauert.

Eine kürzlich in der Zeitschrift »The Lancet« veröffentlichte Studie ergab, dass etwa 20 Prozent der Erwachsenen meinten, an einer Nahrungsmittelallergie zu leiden, was jedoch nur bei 3 Prozent in Tests bestätigt werden konnte. Nachgewiesene Lebensmittelallergien kommen bei etwa 1–3 Prozent der Kinder vor, der Anteil der betroffenen Erwachsenen liegt unter 1 Prozent der Gesamtbevölkerung.

Selbst wenn der Anteil der Personen mit Lebensmittelallergien gering ist, müssen die Betroffenen nicht im Stillen leiden. Wer gut informiert ist, kann die Symptome besser erkennen und Lösungen zur Linderung der Beschwerden finden.

Nahrungsmittelallergien treten normalerweise schon im Kindesalter auf. Eine Ausnahme bildet eine Überempfindlichkeit gegen Muscheln, die eher bei Erwachsenen und selten bei Kindern auftritt.

Kann man Milchallergien verhindern?

Das Verdauungssystem eines Säuglings ist der Zusammensetzung von Kuhmilch nicht gewachsen, darum sollten Kinder frühestens mit sechs Monaten Kuhmilch bekommen. Häufig treten die ersten Symptome auf, wenn Kinder Kuhmilch zu sich nehmen, etwa in Form von Säuglings-

Pulvernahrung beim Zufüttern oder beim Abstillen. Es gibt Indizien dafür, dass ausschließliches Stillen während der ersten vier Monate einen gewissen Schutz vor Allergien bewirkt.

Kuhmilch-Allergie

Eine Milchallergie ist eine Reaktion des Immunsystems auf das Protein in der Milch, nicht auf die Laktose. Verglichen mit der Laktose-Intoleranz kommt die Allergie selten vor. Sie tritt fast ausschließlich bei Kleinkindern auf, und zwar fast immer bei der Einführung von Säuglings-Fertignahrung. Typische Symptome sind Erbrechen, Durchfall und Bauchschmerzen, gelegentlich Ausschlag und andere Hautreizungen, sowie Atembeschwerden, schwere Symptome sind jedoch selten. Betroffen sind etwa 3–5 Prozent der Kinder. Bis zum Alter von fünf Jahren klingt die Allergie meist ab.

Wenn eine Kuhmilch-Allergie erkannt ist (siehe Seite 36), sollte völlig auf Milchprodukte verzichtet werden, bis ein Arzt oder Ernährungsberater die langsame Wiedereinführung von Milchprodukten empfiehlt.

Gelegentlich können Kinder sogar gleichzeitig an Milchallergie und Laktose-Intoleranz leiden.

Diagnose-Möglichkeiten

Wer fürchtet, an einer Milch- oder sonstigen Lebensmittelunverträglichkeit oder an einer Allergie zu leiden, sollte mit seinem Arzt sprechen, um andere Krankheiten als Ursache auszuschließen.

Ein Ernährungstagebuch (siehe Seite 15) kann dabei sehr hilfreich sein. Eine gründliche Untersuchung sowie die Betrachtung der Familiengeschichte und des Ernährungstagebuchs kann bereits eine Diagnose nahe legen, meist muss sie jedoch durch weitere Tests bestätigt werden.

Es gibt verschiedene Möglichkeiten des weiteren Vorgehens. Eventuell werden Sie zu weiteren Untersuchungen an einen Facharzt überwiesen. Falls Ernährungsumstellungen erwogen werden, sollten Sie außerdem einen qualifizierten Ernährungsberater aufsuchen.

Galaktosämie

Früher konnte eine Galaktosämie (siehe Seite 9) nur durch ihre schweren Krankheitssymptome bestimmt werden. Meistens lag zu diesem Zeitpunkt schon eine schwere Schädigung von Leber und Nieren vor. Heute gehören in Deutschland jedoch Früherkennungsprogramme für angeborene Krankheiten und Störungen zur Routine. So werden am 3. Lebenstag einige Tropfen Blut aus der Ferse des Neugeborenen entnommen und auf Galaktosämie hin untersucht. Auf diese Weise können bei einem positiven Ergebnis rechtzeitig erforderliche Maßnahmen ergriffen werden, um einen schlimmeren oder auch längeren Krankheitsverlauf zu vermeiden.

Tests für Allergien und Unverträglichkeiten

Nachfolgend werden die derzeit verlässlichsten Testverfahren vorgestellt, doch auch sie können Zweifel offen lassen. Für eine sichere Diagnose sind meist mehrere Tests und Untersuchungen durch einen qualifizierten Arzt nötig.

Der RAST-Test (Radio Allergo Sorbent Test)

Mit diesem Labortest können im Blut Antikörper gegen körperfremde Allergene nachgewiesen werden. Der Test ist kostspielig, und Ergebnisse liegen erst nach etwa zwei Wochen vor, daher wird er eher selten eingesetzt.

Der Prick-Test

Der Prick-Test ist die Standarduntersuchung, mit der Allergien nachgewiesen werden. Die Haut wird angeritzt und mit einigen Tropfen des vermuteten Allergens in Kontakt gebracht. Nach kurzer Zeit untersucht der Arzt die Hautstelle auf eine Reaktion. Dieser Test eignet sich vor allem zum Identifizieren von Umwelt-Reizstoffen wie Katzen- oder Hundehaaren, die eine rasche Reaktion zeigen. Für Nahrungsmittelallergien ist er weniger geeignet, weil die Reaktion oft verzögert eintritt.

Laktose-Intoleranz-Test

Zur Diagnose der Laktose-Intoleranz wird nach der Einnahme von Milchzucker (Laktose) entweder der Blutzuckeranstieg oder der Wasserstoffgehalt der Atemluft gemessen. Beim Blutzucker-Test wird der Einfluss einer Laktose-Aufnahme auf den Blutzuckerspiegel gemessen, denn dieser kann nicht entsprechend ansteigen, da die Laktose nicht oder nicht vollständig verdaut wird. Häufiger wird der Wasserstoff-Atemtest angewandt, bei dem nach Laktose-Aufnahme der Wasserstoffgehalt der ausgeatmeten Luft gemessen wird. Wenn die Darmbakterien die unverdaute Laktose abbauen, produzieren sie Wasserstoff. Dieser gelangt über das Blut zur Lunge, wird ausgeatmet und kann in der Atemluft nachgewiesen werden.

Ausschluss- und Provokationsdiäten

Zum Diagnostizieren von Nahrungsmittelallergien und -unverträglichkeiten sind dies die effektivsten und sichersten Methoden. Sie kosten allerdings Zeit und sollten nur unter ärztlicher Aufsicht durchgeführt werden. Zunächst wird auf verdächtige Lebensmittel verzichtet und beobachtet, ob die Symptome ausbleiben. Sollten die Symptome nach einer Woche nicht abgeklungen sein, ist damit zu rechnen, dass es sich nicht um eine Unverträglichkeit handelt. Danach werden schrittweise die verdächtigen Stoffe wieder eingeführt (Provokation), um zu prüfen, wann die Symptome wiederkehren.

Ausschluss-(Eliminations-)Diäten sollten immer in Zusammenarbeit mit einem Ernährungsberater oder Arzt durchgeführt werden, um eine ausgewogene Nährstoffversorgung zu gewährleisten und bei Bedarf Ergänzungsstoffe einzusetzen. Ein qualifizierter Ernährungsberater kann gemeinsam mit dem Betroffenen einen individuellen »Ernährungsfahrplan« ausarbeiten und betreut ihn bei eventuellen Problemen.

Um mit dieser Art der Diagnostik zu einem gesicherten Ergebnis zu gelangen, muss der Patient sehr konsequent sein und sollte ein Ernährungs- und Symptom-Tagebuch führen. Am besten wählt man eine Zeit, in die keine sozialen (Essens-) Verpflichtungen fallen und in der genug Freiraum besteht, der Ernährung die volle Aufmerksamkeit zu widmen.

Für Ausschlussdiäten gibt es verschiedene Konzepte. Welches geeignet ist, hängt auch davon ab, ob bereits ein konkreter Verdacht besteht oder ob mehrere Nahrungsmittel infrage kommen.

Um nichts zu vergessen, werden die Tagebucheinträge laufend während des Tages vorgenommen. Alle Speisen, Getränke, Medikamente und Ergänzungspräparate werden vermerkt.

Einfache Ausschlussdiät

Bei dieser Diätform wird zwei bis vier Wochen lang auf alle Produkte eines Typs, z. B. Milchprodukte, verzichtet. Danach wird beurteilt, ob eine Verbesserung eingetreten ist.

Stufendiät

Diese Diät wird angewandt, wenn Verdacht auf eine Lebensmittel-Unverträglichkeit besteht, der Auslöser aber unklar ist oder mehrere infrage kommen. Während der ersten Phase stehen nur fünf bis sieben frische Lebensmittel mit geringer Unverträglichkeits-Wahrscheinlichkeit auf dem Speiseplan. Weitere Produkte werden einzeln eingeführt, sodass bei Auftreten von Symptomen der Auslöser sofort zu erkennen ist. Diese Diät ist mühsam, langweilig und zeitaufwändig, bei Verdacht auf mehrere Unverträglichkeiten aber sehr hilfreich. Zum Glück ist es nicht schwierig oder genussfeindlich, auf Milchprodukte zu verzichten. Die Rezepte in diesem Buch stellen eine Fülle köstlicher und gesunder Alternativen vor.

Tipps für eine Stufendiät

- Planen Sie voraus. Bevorraten Sie alle Nahrungsmittel, die Sie brauchen.
- Wählen Sie eine Phase, in der wenige Feiern und Einladungen anstehen.
- Machen Sie mehrmals täglich Tagebuchnotizen.
- Suchen Sie Ihren Arzt oder Ernährungsberater auf, sobald das Tagebuch voll ist. Dann haben Sie die Erfahrung noch frisch im Gedächtnis.

Wenn eine Kuhmilch-Allergie diagnostiziert wird, müssen Sie auf Milchprodukte vollständig verzichten.

Alternative Allergietests

Haar-Analysen, Pulstests, Schweißtests oder Kinesiologie sind nur einige Beispiele für alternative Testmethoden, die verschiedentlich gepriesen werden. Sie sind jedoch weder zuverlässig noch wissenschaftlich bestätigt. Stattdessen kosten sie Geld und führen leider dazu, dass manche Menschen sich grundlos und ohne medizinische Beratung für eine völlig milchfreie Ernährung entscheiden, sich unausgewogen ernähren und ihre Gesundheit riskieren. Eine solche Ernährungsumstellung sollte nur nach einem ausführlichen Gespräch mit einem Arzt oder Ernährungsberater vorgenommen werden.

Ernährungs- und Symptom-Tagebuch

Datum	Uhrzeit	Speisen und Getränke	Symptome	Auftreten der Symptome (Zeit)	Schweregrad*
5. Januar	7.00	Haferbrei mit Orangensaft	Magenkrämpfe und Durchfall	9.00	3
			Erschöpft	Ganzer Vormittag	4

* Bewertung der Symptome: 1 = schwach, 2 = mäßig, 3 = schwer, 4 = sehr schwer.

Ist milchfreie Ernährung gesund?

Wer eine streng milchfreie Diät oder eine starke Reduktion seiner Milchzufuhr plant, sollte zuerst mit einem Arzt oder Ernährungsberater sprechen. Milch ist ein wichtiger Nährstofflieferant. Sie enthält wertvolle Proteine, Fette und Kohlenhydrate sowie Vitamine, vor allem Vitamin A, D, E und der B-Gruppe. Außerdem ist sie ein wichtiger Kalziumlieferant. Wer ganz auf Milch verzichtet, muss seine Versorgung mit diesen Nährstoffen, vor allem Kalzium, anderweitig decken.

Alle Inhaltsstoffe der Milch sind auch in anderen Produkten enthalten. Dennoch muss bei Verzicht auf Milchprodukte besonders auf die Kalziumversorgung geachtet werden. Eventuell muss auch die Proteinversorgung ausgeglichen werden, alle anderen Nährstoffe werden jedoch bei einer ausgewogenen, vollwertigen Ernährung in ausreichendem Maß aufgenommen. Tipps für eine ausgewogene Ernährung finden Sie auf Seite 28 ff. Wer unsicher ist, sollte jedoch immer mit einem Ernährungsberater sprechen.

Was genau sind Milchprodukte?

Als Milchprodukte bezeichnet man neben der Kuhmilch alle daraus hergestellten Lebensmittel: Käse, Sahne, Butter, Buttermilch, Joghurt, Quark, Frischkäse, Eiscreme. Je nach Grad der Unverträglichkeit müssen manche Betroffenen auch auf Produkte aus Schaf- und Ziegenmilch verzichten. Milchprodukte sind in viel mehr Lebensmitteln enthalten, als man vermuten möchte. Vor allem Fertigprodukte enthalten oft Milchbestandteile. Dazu gehören nicht nur Brotaufstriche und Schokolade, sondern viele andere. Umfassende Lebensmittellisten und Tipps zum Lesen von Packungsetiketten finden Sie auf Seite 31. Für die Rezepte in diesem Buch werden keinerlei Milchprodukte von Kühen, Schafen oder Ziegen verwendet.

Kalziumzufuhr ohne Milch – wie geht das?

Kalzium ist wichtig für starke, gesunde Knochen. Der Körper kann es nicht bilden, daher muss Kalzium jeden Tag in ausreichender Menge aufgenommen werden. Da Milch in der westlichen Ernährung als ein wichtiger Kalziumlieferant gilt, muss dieses Mineral bei Milchverzicht auf andere Weise dem Organismus zugeführt werden.

Jeder weiß, dass Kalzium für Kinder und Jugendliche wichtig ist, doch auch Erwachsene brauchen täglich Kalzium.

Tipps für gute Kalziumversorgung und Knochengesundheit

- Auf vollwertige, abwechslungsreiche Ernährung achten.
- Trinken Sie mit Kalzium angereicherten Orangensaft und kalziumhaltige Mineralwässer mit mehr als 150 mg Kalzium pro Liter. Manche Sorten enthalten bis zu 500 mg Kalzium pro Liter – achten Sie auf das Etikett.

Kalziumgehalt verschiedener Lebensmittel	
200 ml Vollmilch/Fettarme Milch/Magermilch	ca. 240 mg
200 ml Sojamilch, mit Kalzium angereichert	280 mg
200 ml Soja- oder Haferdrink mit Kalzium angereichert	240 mg
125 g Sojajoghurt, mit Kalzium angereichert	155 mg
100 g Tofu	159 mg
200 ml Orangensaft, mit Kalzium angereichert	270 mg
200 ml kalziumreiches Mineralwasser	30–100 mg
200 ml Orangensaft, frisch gepresst	86 mg
50 g Mandeln/Haselnüsse	125 mg
20 g Sesamsamen	148 mg
150 g gekochter Brokkoli	168 mg
150 g gekochter Fenchel	174 mg
150 g gekochter Grünkohl	265 mg

- Grünes Gemüse enthält ansehnliche Kalziummengen.
- Ausreichend Vitamin D verbessert die Kalzium-Aufnahme (siehe unten).
- Täglich mindestens fünf Portionen Obst und Gemüse liefern zusätzlich Kalzium und andere Mineralien für die Knochengesundheit.
- Alkohol nur in Maßen trinken (siehe Seite 30)
- Auf ausreichend Bewegung achten. Ausdauersportarten wie Walking, Tanzen und Aerobic nützen der Knochengesundheit besonders.
- Ihr Arzt oder Ernährungsberater informiert Sie über Nahrungs-Ergänzungspräparate.

Kalziumbedarf

Alter	Kalzium (mg/Tag)
Kinder	
0–3 Monate	220
4–12 Monate	400
1–3 Jahre	600
4–6 Jahre	700
7–9 Jahre	900
10–12 Jahre	1.100
13–19 Jahre	1.200
>19 Jahre	1.000

Proteinmangel – kann das ein Problem werden?

Der Proteinanteil, den normalerweise Milchprodukte liefern, kann leicht mit anderen Nahrungsmitteln gedeckt werden, beispielsweise mit Sojamilch und anderen Sojaprodukten. Geflügel, Fleisch, Fisch, Eier, Nüsse, Hülsenfrüchte (Erbsen, Bohnen und Linsen) sowie eine Kombination aus Vollkorngetreide und Gemüse sind andere gute Proteinquellen. Nur Personen, die keine Sojaprodukte vertragen und wenig tierische Produkte essen, riskieren Proteinmangel, der Ursache für Störungen des Wachstums und der Zellerneuerung sein kann. Wer auf Soja allergisch reagiert, deshalb auf Reismilch ausweicht und sich zudem vegetarisch ernährt, sollte unbedingt einen Ernährungsberater konsultieren, um zu klären, ob der Grundbedarf an Protein gedeckt wird oder ob ein Ergänzungspräparat erforderlich ist.

Der tägliche Proteinbedarf

Der tägliche Proteinbedarf ist vom Alter abhängig. Säuglinge, Kinder und Heranwachsende benötigen mehr Proteine in Bezug auf ihr Körpergewicht. Erwachsene brauchen täglich etwa 0,8 g Protein pro kg Körpergewicht. Bei 60 kg Körpergewicht sind das etwa 48 g Protein, bei 75 kg Körpergewicht entspricht das einer Menge von 60 g Protein.

Proteingehalt verschiedener Lebensmittel	
100 g Hähnchenbrustfilet	24 g
100 g mageres Rind-/ Schweinefleisch	22 g
100 g Lachs	18 g
1 Ei	8 g
1 Scheibe Vollkornbrot	4 g
50 g Grünkern (Rohgewicht)	5 g
50 g Naturreis (Rohgewicht)	4 g
75 g Nudeln (Rohgewicht)	9 g
50 g Linsen/Erbsen/Bohnen (Rohgewicht)	12 g
50 g Mandeln	9 g
200 ml Sojamilch	7 g
125 g Sojajoghurt	5 g
100 g Tofu	15 g

Vitamin D

Für eine optimale Kalziumverwertung im Körper ist eine ausreichende Menge Vitamin D notwendig. Umgekehrt benötigt der Körper genügend Kalzium für die bestmögliche Vitamin-D-Wirkung. Mit Hilfe des Sonnenlichts ist der Mensch in der Lage, Vitamin D in der Haut selbst herzustellen. Da nicht jeder in sonnigem Klima lebt und in der Lage ist, sich täglich ausreichend an der frischen Luft zu bewegen, ist es notwendig, dem Körper Vitamin D mit der Nahrung zuzuführen. Nennenswerte Mengen Vitamin D sind vor allem in Eigelb, fetten Fischen (Lebertran), Leber und in mit Vitamin D angereicherten Margarinen zu finden.

Alternativen zu Milch

Als Ersatz für Milchprodukte bieten sich Sojamilch und -joghurt mit zugesetztem Kalzium an, deren Nährstoffgehalt besonders günstig ist. Qualitativ ist Sojaprotein dem Protein aus Fleisch, Milch und Eiern – den wichtigsten Proteinlieferanten unserer Nahrung – ebenbürtig. Für Personen, die Soja nicht vertragen, wird mit Kalzium angereicherte Reis- oder Hafermilch empfohlen.

Solange Sie Milchprodukte durch mit Kalzium angereicherte Sojaprodukte ersetzen, brauchen sie keinen Nährstoffmangel zu befürchten. Wer Reis- oder Hafermilch verwendet, sollte ebenfalls ein mit Kalzium angereichertes Produkt wählen. Da aber Reis-, Hafer- oder andere Getreidemilch kaum Protein enthält, sollte man bei den Mahlzeiten immer auch proteinreiche Produkte wählen, z. B. Fleisch, Fisch oder Hülsenfrüchte.

Weitere Alternativen zu normaler Kuhmilch sind Nussmilch, Schaf- und Ziegenmilch sowie Milch mit reduziertem Laktosegehalt. Diese enthalten jedoch eine gewisse Menge Laktose und werden daher nicht ausnahmslos vertragen.

Gesundheitsplus durch Sojaprodukte

- Sojaprodukte enthalten kein Cholesterin. Bedenken Sie, dass viele ältere Erwachsene einen bedenklich hohen Cholesterinspiegel haben und somit Risikopatienten für Herz- und Kreislauferkrankungen sind.
- Die in der Sojabohne enthaltenen Isoflavone können den Cholesterinspiegel senken. Schon eine Aufnahme von 25 g Sojaprotein pro Tag unterstützt die Regulierung des Cholesterinspiegels, sofern wenig gesättigte Fette verzehrt werden. Bedenken Sie, dass der Anteil an Protein in sehr fetten Sojaprodukten (z. B. Sojacreme) geringer ist als in fettarmen Sojaprodukten (z. B. fettarmer Sojajoghurt).
- Bei manchen Frauen lindern Sojaprodukte unangenehme Beschwerden während der Menopause. Vor allem Hitzewallungen werden gemildert.
- Soja ist sehr nahrhaft. Es ist eine der wenigen pflanzlichen Quellen für hochwertige Proteine, die man sonst nur in Fleisch, Milchprodukten und Eiern findet. Es ist ein wertvolles Lebensmittel für die ganze Familie.
- Um täglich 25 g Sojaprotein zu sich zu nehmen, genügen 2 Gläser (à 250 ml) Sojamilch und 200 g Sojajoghurt. Alternativ bereiten Sie ein Pfannengericht mit Tofu und verwenden Sie 250 ml Sojamilch für einen Frucht-Smoothie, zum Müsli oder im Tee.
- Bei allen Rezepten mit Soja in diesem Kochbuch ist der Gehalt an Sojaprotein angegeben, sodass Sie Ihre tägliche Aufnahme leicht einschätzen können.

- Sojaprodukte haben sich in den letzten Jahren erheblich verändert. Früher waren sie nur gesund, heute schmecken sie auch ausgezeichnet. Wer noch nie Sojaprodukte probiert hat oder lange zurückliegende, unangenehme Erinnerungen hat, sollte sich auf eine angenehme Überraschung gefasst machen.
- Sojaprodukte spielen in der asiatischen Küche eine wichtige Rolle, während sie in Europa noch unüblich sind. Kein Wunder also, dass in diesem Buch viele Rezepte mit fernöstlicher Note enthalten sind – allerdings auch einige westliche Klassiker in neuen, milchfreien Versionen.

Geschmack und Einkauf

Weil Milchalternativen heute sehr gut schmecken und leicht erhältlich sind, ist es einfach, sie in den Speiseplan zu integrieren. Vor einigen Jahren musste man noch in Reformhäusern nach ihnen suchen, heute haben alle großen Supermärkte Sojamilch, -joghurt und ähnliche Produkte im Sortiment. Die steigende Nachfrage nach Sojaprodukten hat aber nicht nur das Supermarktangebot verändert. Selbst einige Cafés und Restaurants bieten beispielsweise Cappuccino wahlweise mit Milch oder Sojamilch an. Vor wenigen Jahren wäre das noch undenkbar gewesen.

Aus welchem Grund Sie auch auf Milchprodukte verzichten oder Ihren Verzehr reduzieren, eines ist jedenfalls sicher: Auf Genuss und Abwechslung brauchen Sie nicht zu verzichten.

Nährstoff-Vergleich: mit Kalzium angereicherte Sojamilch/Fettarme Kuhmilch

Nährstoffe pro 100 ml	Sojamilch plus Kalzium	Fettarme Kuhmilch
Kcal	46	48
Proteine	3,7 g	3,4 g
Fette	2,2 g	1,6 g
gesättigt	0,4 g	1,1 g
mehrfach ungesättigt	1,3 g	0 g
einfach ungesättigt	0,5 g	0,5 g
essenzielle Fettsäuren		
Linolsäure	1,18 g	0,03 g
Alpha-Linolensäure	0,15 g	0,02 g
Kohlenhydrate	2,8 g	4,9 g
Laktose	0 g	4,9 g
Cholesterin	0 g	6 mg
Kalzium	120–140 mg	120 mg

Vorsicht, Milchprodukte!

Je nachdem, wie streng Ihre Ernährungsvorschriften sind, müssen Sie eventuell alle nachfolgend genannten Lebensmittel oder einige von ihnen meiden. Lesen Sie immer die Packungsaufschriften, da sich die Inhaltsstoffe verschiedener Produkte unterscheiden können.

Milchprodukte

- Frische Kuhmilch – mager, fettarm und vollfett
- Kondensmilch und Milchpulver aus Kuhmilch
- Buttermilch
- Sahne
- Frischkäse
- Crème fraîche
- Quark
- Butter
- Käse
- Joghurt
- Eiscreme

Lebensmittel, die Milchprodukte enthalten können

Den meisten Menschen ist nicht bewusst, dass viele Produkte Milch enthalten – beispielsweise Schokolade oder viele Fertigprodukte. Es passiert leicht, die Menge der aufgenommenen Milchprodukte weit zu unterschätzen.

Gemüse

- Fertiggerichte mit Gemüse in cremigen Saucen
- Instant-Kartoffelpüree

Brot und Backwaren

- Viele Brotsorten
- Die meisten Plätzchensorten
- Manche herzhaften Cracker
- Viele Kuchensorten
- Viele Backmischungen

Cerealien und Getreide

- Viele Fertigmüslis und Frühstücksflocken enthalten Magermilchpulver oder andere Milchprodukte.

Süßigkeiten und Knabbereien

- Milchschokolade (Ausnahme: sehr dunkle Sorten)
- Sahnebonbons
- Viele andere Süßigkeiten
- Geröstete Nüsse mit Schokoladenüberzug oder laktosehaltiger Würzmischung
- Viele Sorten Kartoffelchips

Desserts

- Die meisten Instant-Desserts
- Die meisten Puddingpulver
- Fertig-Milchreis
- Teigmischungen (z. B. Pfannkuchen)
- Käsekuchen
- Cremedesserts
- Viele Dessertsaucen

Herzhafte Produkte

- Viele Suppen
- Dips auf Joghurt-, Quark- oder Käsebasis
- Cremige Saucen
- Salatdressings mit Milch oder Milchprodukten
- Viele Fertigsaucen
- Quiches und Gratins
- Viele Fertiggerichte
- Panierte Produkte
- Viele Würste und Wurstwaren, einige Schinkensorten
- Einige Pasteten, Würste im Teigmantel
- Pizza
- Lasagne
- Viele Nudel-Fertiggerichte

Getränke

- Kaffeeweißer
- Milchshakes
- Viele Frucht-Smoothies
- Malz-Milchgetränke (z. B. Ovomaltine)
- Heiße Getränke aus dem Automaten
- Instant-Trinkschokolade (reiner Kakao enthält keine Milchbestandteile)
- Instant-Cappuccino
- Liköre und Cocktails mit Sahne

Aufstriche, Fette und Öle

- Milchhaltige Brotaufstriche
- Die meisten Margarinesorten enthalten Buttermilch, Magermilch oder Molkenpulver.
- Fettreduzierte Streichfette können Buttermilch enthalten.
- Schokoladen-Aufstriche, Nuss-Nougat-Cremes

Verschiedenes

- Einige Geschmacksverstärker auf Natriumglutamat-Basis
- Manche Brühwürfel und -granulate
- Manche Tabletten enthalten Laktose als Füllsubstanz.

- Manche Zahncremes enthalten Laktose als Füllsubstanz.
- Manche kalorienarmen Süßungsmittel enthalten Laktose.

Versteckte Milchprodukte

Abgesehen von den Produkten mit offensichtlichem Milchgehalt können Milchbestandteile auch in vielen Fertigprodukten enthalten sein, von Teigmischungen über Plätzchen bis zu Margarine und Medikamenten. Manche Lebensmittel enthalten beispielsweise Kasein, das ebenfalls eine Form des Kuhmilch-Proteins ist. Achten Sie beim Lesen von Packungsbeschriftungen auf die folgenden Begriffe:

Herstellerbezeichnungen, die auf Milchbestandteile hinweisen

- Butter, ausgewiesen als Fett, Geschmackszutat, flüssig oder fest
- Kasein, Hydrolysiertes Kasein
- Kaseinate
- Trockenmilch (fettfreies Milchpulver)
- Trockenmilch-Feststoffe, Milch-Trockenmasse
- Hydrolysiertes Milchprotein
- Lactalbumin
- Lactat
- Lactoferrin
- Lactoglobulin
- Laktose (Milchzucker)
- Milchfette/Feststoffe
- Simplesse(r) (Fettersatzstoff)
- Sauermilchpulver
- Molke, laktosefreie Molke, demineralisierte Molke, Süßmolkenpulver, Molkenpulver, Molkenproteinkonzentrat, Molkenfeststoffe

Spuren von Milchprodukten

Je nach Strenge der Diätvorschriften kann es notwendig sein, selbst auf Spuren von Milchprodukten zu achten. Pommes frites aus einer Friteuse, in der vorher panierter Fisch gebacken wurde, können solche Spuren enthalten, ebenso Käse, der zusammen mit »normalem« Käse auf einem Brett liegt und mit dem gleichen Messer geschnitten wird. Wer an einer schweren Allergie leidet, sollte sich unbedingt beim Facharzt oder in einer Spezialklinik über Lebensmittelzubereitung und spezielle Risiken informieren.

**Vorsicht Falle:
Auch in diesen Produkten kann Kuhmilch enthalten sein**

Sojakäse

Ziegenkäse

Vegetarischer Käse

Margarine und fettarme Aufstriche

Manche Brotsorten

Plätzchen und Kuchen

Manche Wurstwaren

Paniermehl, Zwieback

Instant-Kartoffelpüree

Müsli und viele Frühstückscerealien

Tüten- und Dosensuppen

Panierte Produkte

Gute Alternativen

Bei einer völlig milchfreien Ernährung muss auf Kuh-, Schaf- und Ziegenmilch sowie daraus hergestellte Produkte wie Butter, Käse, Sahne und Joghurt verzichtet werden, aber auch auf Produkte aus Milch wie Kasein, Molke, hydrolysierte Molke, Milchtrockenmasse und Milchzucker (Laktose). Laktose ist in vielen Lebensmitteln enthalten und wird auch in der pharmazeutischen Industrie als Füllstoff für Tabletten eingesetzt. Normalerweise wird in der Praxis zwischen Kuhmilchprotein-Allergie und Laktose-Intoleranz nicht unterschieden. Allerdings vertragen manche Patienten mit Kuhmilch-Allergie durchaus Schaf- oder Ziegenmilch in gewissen Mengen. Für Personen mit Laktose-Intoleranz sind sie jedoch unverträglich.

Einige Supermarktketten geben inzwischen auf ihr Sortiment bezogene Informationsblätter für Menschen mit besonderen Ernährungsbedürfnissen heraus, die man anfordern oder aus dem Internet herunterladen kann. Weil aber ständig neue Produkte auf den Markt kommen, sind die darin enthaltenen Informationen schnell veraltet.

Milchfreie Lebensmittel

Es ist unmöglich, eine vollständige Liste der »sicheren« Lebensmittel zusammenzustellen, darum sollten Sie vor allem bei zubereiteten Produkten immer die Zutatenliste lesen, um zu prüfen, ob sie Milch oder Milchprodukte in irgendeiner Art enthalten. Auf den folgenden Seiten finden Sie eine Liste von Produkten, die normalerweise risikolos sind (dennoch immer das Etikett lesen oder bei den Herstellern direkt nachfragen!).

Obst und Gemüse

- Obst (frisch, tiefgefroren, getrocknet, in Konserven)
- Fruchtsäfte (frisch, abgepackt, ultrahocherhitzt)
- Gemüse (frisch, tiefgefroren, getrocknet, in Konserven)
- Hülsenfrüchte (getrocknet, in Konserven)
- Einige Sorten Instant-Kartoffelpüree

Fleisch und Fleischalternativen

- Geflügel, Wild, Speck und Innereien (frisch, kein Fertigprodukt)
- Viele Bratlinge und Wurstwaren

Fisch und Fischprodukte

- Fisch ohne Teigmantel oder Panade (frisch und tiefgefroren)
- Fischkonserven in Öl oder eigenem Saft
- Räucherfisch
- Einige Sorten Fischstäbchen

Brot und Backwaren

- Etliche Sorten Brot und Brötchen
- Einige Sorten Knäckebrot
- Einige Sorten Mürbeteig- und Obstgebäck
- Baiser
- Selbst gebackene Kuchen und Plätzchen mit milchfreien Zutaten
- Einige Sorten gekaufte Kuchen und Plätzchen

Backzutaten

- Backpulver
- Hefe (frisch und trocken)
- Mehl
- Einige Sorten Tortencreme-Pulver
- Einige Sorten Puddingpulver
- Die meisten dunklen Schokoladensorten
- Kokosraspel
- Trockenfrüchte
- Mürbeteig mit reinem Pflanzenfett
- Marzipan
- Zitronat und Orangeat

Getreide und Cerealien

- Haferflocken
- Einige Sorten Frühstückscerealien
- Nudeln, Reis, Wildreis
- Couscous, Bulgur

Süßigkeiten und Knabbereien

- Einige Sorten dunkle Schokolade, Weingummi und Bonbons
- Carob
- Zucker, Glukose, Marmelade, Honig, Melasse, Sirup
- Wassereis, Sorbets, Götterspeise
- Nüsse
- Salzbrezeln und Salzstangen
- Einige Sorten Kartoffelchips
- Einige Sorten Cracker
- Einige Sorten Knäckebrot und Reiscracker

Suppen

- Minestrone, Linsen-, Gemüse- und französische Zwiebelsuppe

Saucen und Würzsaucen

- Senf
- Einige Sorten Sojasauce
- Die meisten Sorten Tomatenketchup und Tomatenmark
- Die meisten Relishes und Chutneys
- Einige Fertigsaucen
- Hummus
- Frische Tomaten-Salsa
- French Dressing, Mayonnaise und Salatcreme (Vorsicht bei Joghurtdressing)

Getränke

- Frische Fruchtsäfte
- Die meisten Erfrischungsgetränke
- Tee
- Kaffee
- Kakaopulver
- Die meisten Fruchtsaftgetränke und Limonaden

Koch- und Streichfette

- Rein pflanzliche Margarine, Soja-Aufstrich, Schmalz
- Alle reinen Pflanzenöle

Verschiedenes

- Salz und frisch gemahlener schwarzer Pfeffer
- Pfeffer
- Kräuter und Gewürze (Vorsicht bei Fertig-Gewürzmischungen)
- Essig
- Hefeextrakt
- Wein, Bier, Schnäpse (Vorsicht bei Likören und Mischgetränken)

Milch und Milchersatzprodukte

Große Supermärkte, Reformhäuser und Bioläden bieten inzwischen eine gute Auswahl von Produkten an, die man anstelle von Milch für Getränke, zu Müsli und Frühstückscerealien sowie zum Kochen und Backen verwenden kann.

Kuhmilch bei Laktose-Intoleranz?

Relativ neu auf dem Markt ist fast laktosefreie Kuhmilch mit weniger als 0,1 Prozent Laktose. Bei dieser Milch wurde die Laktose schon im Herstellungsprozess gespalten, sodass sie von vielen Personen mit Laktose-Intoleranz gut vertragen wird.

Sojamilch und Sojagetränke

Sojamilch bietet sich als Alternative zur Kuhmilch für alle Personen mit Milch-Unverträglichkeiten an, die nicht allergisch auf Soja reagieren. Sie wird aus Sojabohnen hergestellt und ist in frischer und haltbarer Form gesüßt und ungesüßt sowie in verschiedenen Geschmacksrichtungen erhältlich. Wählen Sie Sojaprodukte mit Kalzium, denn das ist normalerweise in Sojamilch nicht vorhanden. Sojagetränke enthalten weder Laktose noch Kuhmilch-Protein. Der Fettgehalt von Sojamilch liegt meistens bei etwa 2,2 g pro 100 ml. Gesüßte Sojamilch ohne weitere Geschmackszutaten ist im Süßegrad mit Kuhmilch vergleichbar, darum fällt den meisten Menschen die Umstellung nicht sehr schwer.

Sojamilch mit Kalzium ist ein vollwertiger Ersatz für Milch zu Müsli und Cerealien, eignet sich aber auch zum Tee und als Zutat für viele Rezepte. Obwohl sie wenig Fett enthält, ist ihr Geschmack erstaunlicherweise cremiger als der von fettarmer Kuhmilch.

Etwa 80 Prozent der Menschen mit Kuhmilch-Unverträglichkeiten vertragen Sojaprodukte. Vereinzelt kommen aber Allergien auf Sojaproteine vor.

Für kleine Kinder unter zwei Jahren eignet sich Sojamilch ohne Kalziumzusatz nicht als Hauptnahrung. Von sechs Monaten an kann aber mit Kalzium angereicherte Sojamilch als vollwertiger Milchersatz gegeben werden.

Kokosmilch und Kokoscreme

Kokosmilch ist eine schmackhafte alternative zu Milchprodukten. Sie ist eine typische Zutat der thailändischen Küche und wird in verschiedenen Rezepten in diesem Buch verwendet. Leider gehört Kokosnuss zu den wenigen pflanzlichen Lebensmitteln, die einen hohen Anteil gesättigter Fette haben – die man sonst überwiegend in tierischen Produkten findet.

Setzen Sie Kokosmilch nicht zu häufig ein und verdünnen Sie sie mit Wasser, wenn Sie den Fettgehalt reduzieren wollen, ohne geschmackliche Kompromisse zu machen.

Ziegen- und Schafmilch

Weil Schaf- und Ziegenmilch Laktose enthalten, sind sie für Personen mit einer stärkeren Laktose-Intoleranz nicht geeignet. Auch bei Milchprotein-Allergikern können sie Reaktionen auslösen. Der Proteingehalt von Ziegenmilch entspricht ungefähr dem von Kuhmilch, Schafmilch enthält etwa doppelt so viel Protein. Ziegenmilch enthält kaum Folsäure. Wer sie regelmäßig verwendet, sollte auf ausreichende Folsäureversorgung aus anderen Quellen achten, z. B. durch grüne Blattgemüse und Vollkorngetreide.

Schaf- und Ziegenmilch sind ebenso vielseitig wie Kuhmilch. Ziegenmilch hat einen intensiveren Geschmack als Kuhmilch, Schafmilch ist wegen ihres höheren Fettgehalts sahniger. Als Hauptmilch für Kinder unter zwei Jahren sind beide nicht geeignet.

Reismilch

Reismilch wird aus gefiltertem Wasser, Reis, Pflanzenöl und verschiedenen Geschmacksstoffen hergestellt. Sie enthält kein Kalzium, darum wird es häufig zugesetzt. Sie ist laktosefrei, fettarm und enthält nur sehr geringe Mengen Protein.

Hafermilch

Hafermilch wird aus Haferkörnern, Pflanzenöl und gefiltertem Wasser hergestellt. Er ist laktosefrei, fettarm und enthält keine nennenswerten Mengen an Protein.

Joghurt, Desserts und Eiscreme

Normaler Joghurt besteht aus fermentierter Kuhmilch. Joghurtbakterien wandeln mit Hilfe von Enzymen die Laktose in der Milch in Milchsäure um, daher hat Joghurt einen geringeren Laktosegehalt als Milch und wird von einigen Personen mit schwacher Laktose-Unverträglichkeit vertragen. Auch aus laktosefreier Milch gibt es im Supermarkt Joghurt, Quark und Desserts.

Für Betroffene, die Schaf- oder Ziegenmilch vertragen, bietet sich Joghurt aus diesen Milchsorten an. Ziegen- und Schafjoghurt ist im Reformhaus, Bioladen und in gut sortierten Supermärkten erhältlich.

Für all jene, die völlig auf Milchprodukte verzichten müssen, gibt es ein breites Angebot an Joghurts, Desserts und Eiscreme auf Sojabasis.

Sahne

Haltbare Sojasahne (Sojacreme) und laktosefreie Sahne ist als Alternative zu Schlagsahne im Reformhaus, Bioladen und im gut sortierten Supermarkt erhältlich. Ziegensahne wird dort ebenfalls angeboten. Sie schmeckt leicht süßlich und kann geschlagen oder ungeschlagen verwendet werden.

Käse

Hartkäse wie Cheddar und Parmesan enthalten relativ wenig Laktose und werden von Menschen mit leichter Intoleranz meist gut vertragen. Das Gleiche gilt für Schaf- und Ziegenkäse, aber oft ist in diesen Käsesorten auch Kuhmilch mit verarbeitet worden. Achten Sie also unbedingt auf die Zutatenliste. Bioläden und Reformhäuser bieten einige Sorten Sojakäse an. Sojakäse ist das einzige Produkt, das es in Geschmack und Handhabung nicht ganz mit dem milchhaltigen Original aufnehmen kann. Er ist oft etwas fad im Geschmack, und er schmilzt nicht so gut wie Käse aus Milch.

Streich- und Kochfette

Margarine und andere pflanzliche Aufstriche enthalten oft Buttermilch oder Molke als Geschmackszutat, somit eignen sie sich nicht für eine milchfreie Ernährung. Rein pflanzliche Margarine und Soja-Aufstriche sind jedoch erhältlich, achten Sie hier immer auf die Zutatenliste. Zum Kochen und Braten empfehlen sich reine Pflanzenöle und -fette.

Tofu

Tofu ist ein proteinreicher, fettarmer Quark aus fermentierten Sojabohnen. Es gibt ihn mit cremiger und schnittfester Konsistenz, naturell, mariniert und geräuchert. Er ist ein wertvoller Kalzium- und Proteinlieferant und zudem sehr vielseitig, weil er sich für süße und herzhafte Gerichte eignet. Cremiger Tofu kann für Dips, Saucen und zum Überbacken verwendet werden, festen Tofu kann man marinieren und anstelle von Käse oder Fleisch servieren.

Ausgewogene Ernährung

Eine ausgewogene Ernährung ist für Menschen, die sich milchfrei ernähren, ebenso wichtig wie für alle anderen. Gesundes Essen schmeckt nicht nur gut, es hat auch direkte Auswirkungen auf Stimmung und Verhalten. Wer gesund isst, fühlt sich wohler, ist aufmerksamer und hat mehr Energie. Gesundes Essen schafft Lebensqualität und senkt das Risiko für Herzkrankheiten, Diabetes und Krebs.

Sich ausgewogen zu ernähren bedeutet, täglich verschiedene Lebensmittel aus den fünf Hauptgruppen zu sich zu nehmen, die in der folgenden Tabelle aufgeführt sind. Die Angaben beziehen sich hier meist auf bereits gegarte Lebensmittel (z. B. bei Reis, Nudeln, Gemüse, Fleisch und Hülsenfrüchten) und gelten nur als ungefähre Richtwerte, da sich der Nährstoffbedarf je nach Altersgruppe unterschiedlich verteilt.

Flüssigkeit

Für die meisten Menschen steht das Trinken an zweiter Stelle nach dem Essen, tatsächlich ist es aber ebenso wichtig. Der menschliche Körper besteht zu etwa zwei Dritteln aus Wasser, das durch Ausatmung, Schweiß und Urin ständig ausgeschieden wird. Wer zu wenig trinkt, ist unkonzentriert und gefährdet seine Gesundheit, weil Gift- und Schlackenstoffe nicht aus dem Körper ausgeschwemmt werden. Ein Erwachsener braucht täglich etwa 2 Liter Flüssigkeit – das entspricht etwa 8 Gläsern. An heißen Tagen und bei

Gesunde Ernährung: Die fünf Hauptgruppen

Lebensmittelgruppe	Haupt-Nährstoffe	Beispiele	Wie viel?
Kartoffeln, Reis, Brot, Nudeln, Getreideprodukte	Kohlenhydrate, Ballaststoffe, B-Vitamine, Kalium, kleinere Mengen Proteine, Eisen, Kalzium, Vitamin E, sekundäre Pflanzenstoffe	Reis, Kartoffeln, Nudeln, milchfreie Cracker, milchfreies Knäckebrot, milchfreie Frühstückscerealien	5–14 Portionen täglich 1 Portion entspricht: ▸ 3 Esslöffel Frühstückscerealien ▸ 1 Scheibe Brot/Früchtebrot ▸ 1/2 Brötchen ▸ 1/2 Pfannkuchen ▸ 2 Kartoffeln (eigroß) ▸ 3 Esslöffel Nudeln ▸ 2 gehäufte Esslöffel Reis
Obst und Gemüse	Vitamin C, Folsäure, Kalium, Ballaststoffe, Betakarotin, kleinere Mengen Kalzium, Eisen, Magnesium und Kohlenhydrate	Alle Sorten – frisch, tiefgefroren, getrocknet, als Konserve und als Saft	Mindestens 5 Portionen täglich 1 Portion entspricht: ▸ 1 größere Frucht, z. B. Orange, Banane, Apfel ▸ 2 kleinere Früchte, z. B. Kiwis, Pflaumen, Aprikosen ▸ 2 Esslöffel Kompott ▸ 200 ml Fruchtsaft ▸ 1 Esslöffel Trockenfrüchte ▸ 150g Gemüse ▸ 50g Blattsalate
Milch-Alternativen	Kalzium, Proteine, Vitamine A, D, B_2 und B_{12}, Zink, Phosphor, sekundäre Pflanzenstoffe	Fettarme Produkte wie Sojamilch und -joghurt mit Kalziumzusatz	2–3 Portionen täglich 1 Portion entspricht: ▸ 200 ml mit Kalzium angereicherte Sojamilch ▸ 1 kleiner Becher Sojajoghurt mit Kalziumzusatz ▸ 25g Sojakäse
Fleisch, Fisch und Alternativen	Proteine, Eisen, Zink, Magnesium, Kalium, sekundäre Pflanzenstoffe in Hülsenfrüchten und Tofu, essenzielle Fettsäuren in fetthaltigem Fisch	Mageres Fleisch, Geflügel, Fisch, Eier, Bohnen, Erbsen, Linsen, Nüsse, Tofu, Fleisch-Ersatzprodukte (z. B. Seitan)	2–4 Portionen täglich 1 Portion entspricht: ▸ 50–70g Fleisch (Rind, Schwein, Lamm), Geflügel, Fisch, Innereien oder Schinken ▸ 2 Eier ▸ 5 Esslöffel Bohnen (z. B. Kidney-Bohnen) oder Erbsen ▸ 4 Esslöffel Linsen ▸ 2 Esslöffel Nüsse
Fett- und zuckerhaltige Lebensmittel	Fette, darunter auch essenzielle Fettsäuren, Zucker, Vitamine, Mineralien	Pflanzenöle wie Olivenöl, Rapsöl, Sojaöl, daraus hergestellte Streichfette, fettarme und milchfreie Dressings	In Maßen verzehren! Zuckerhaltige Lebensmittel und Getränke möglichst zu den Hauptmahlzeiten essen, um das Kariesrisiko zu senken.

körperlicher Belastung ist der Bedarf höher. Ein guter Indikator ist die Farbe des Urins. Er sollte einen hellen Gelbton haben. Dunkler, streng riechender Urin ist ein Anzeichen für Flüssigkeitsmangel.

Alkohol

Zu viel Alkohol kann den Herzmuskel schädigen, den Blutdruck erhöhen und zu Gewichtszunahme führen. In Maßen dagegen kann Alkohol der Gesundheit sogar zuträglich sein. Aktuellen Empfehlungen zufolge sollten Männer nicht mehr als 20 g Alkohol pro Tag zu sich nehmen, für Frauen gilt ein Grenzwert von 10 g Alkohol. Etwa 10 g Alkohol sind enthalten in:

- 300 ml Bier
- 125 ml Wein
- 25 ml hochprozentige Spirituosen, z. B. Korn, Cognac, Rum
- 50 ml Sherry, Aperitif oder Likör

Milchhaltige Liköre und Cocktails sollten Sie meiden.

Salz

Etwas Salz in der täglichen Nahrung ist notwendig, doch die meisten Menschen essen zu viel davon. Dabei beruht diese Vorliebe häufig allein auf Gewohnheit. Die Geschmacksknospen stellen sich bald um, wenn man den Salz- oder auch den Zuckerverbrauch allmählich verringert. Die empfohlene tägliche Salzmenge liegt bei 6 g – das entspricht einem reichlichen Teelöffel. In dieser Menge ist das versteckte Salz beispielsweise in Wurst, Brot und Fertigprodukten schon enthalten. Versuchen Sie, beim Kochen und bei Tisch den Salzverbrauch einzuschränken oder ganz darauf zu verzichten. Sie werden staunen, wie schnell Sie sich umgewöhnen. Der chemische Name für Salz lautet Natriumchlorid (NaCl). Lesen Sie beim Einkaufen die Packungsetiketten. Ist dort der Natriumgehalt (Na) angegeben, multiplizieren Sie den Wert mit 2,5, um den Salzgehalt zu ermitteln.

Bewegung nicht vergessen

Viele Menschen haben Berufe, bei denen sie überwiegend sitzen. Fernseher, Computer und Auto sorgen außerdem dafür, dass sich die meisten Menschen zu wenig bewegen. Das bringt nicht nur Gesundheitsrisiken mit sich, sondern wirkt sich auch auf die Stimmung aus. Es ist erstaunlich, wie sich die Lebenseinstellung durch ein bisschen Bewegung verändern kann. Täglich 20 bis 30 Minuten oder jeden zweiten Tag eine Stunde sollten es schon sein. Fangen Sie langsam an und steigern Sie Ihr Trainingsprogramm.

Bewegung – ja bitte!

Es ist nicht jedermanns Sache, Tag für Tag zehn Runden im Park zu joggen. Bauen Sie einfach etwas mehr Bewegung in den Alltag ein:

- Lassen Sie Fahrstuhl und Rolltreppe links liegen und nehmen Sie die Treppe.
- Parken Sie Ihr Auto einen Häuserblock entfernt. Im Supermarkt nehmen Sie den Parkplatz, der am weitesten vom Eingang entfernt ist.
- Führen Sie Ihren Hund einmal öfter aus.
- Lassen Sie das Auto stehen und gehen Sie zu Fuß zum Briefkasten.
- Für kleinere Einkäufe könnten Sie das Fahrrad benutzen.
- Steigen Sie eine Bus- oder Bahnstation vor Ihrem Ziel aus.
- Flottes Spazierengehen, Schwimmen, Tanzen und Radfahren bringen Ihren Kreislauf in Schwung.

Viel oder wenig

Viel	Wenig
10 g Zucker	2 g Zucker
20 g Fett 5 g gesättigte Fette	3 Fett 1 g gesättigte Fette
3 g Ballaststoffe	0,5 g Ballaststoffe
0,5 g Natrium (oder 1,25 g Salz)	0,01 g Natrium (oder 0,25 g Salz)

Richtwerte für die tägliche Kalorien- und Nährstoffaufnahme

	Männer	Frauen
Energie (Kalorien)	2900 kcal	2300 kcal
Zucker	70 g	50 g
Fett	95 g	30 g
davon gesättigt	75 g	25 g
Ballaststoffe	30 g	30 g
Natrium	2,5 g	6 g
(oder Salz)	2,5 g	6 g

Werden Sie Etiketten-Experte

Wer sich völlig milchfrei ernährt, muss die Zutatenlisten auf allen Produkten und Fertiggerichten genau studieren. Es ist gesetzlich vorgeschrieben, dass alle Zutaten in absteigender Reihenfolge ihres Gewichtsanteils aufgeführt werden – und die Liste kann recht lang sein. Es mag mühsam sein, diese Listen zu lesen, doch mit der Zeit bekommt man Übung. Nährwertangaben müssen auf dem Etikett nicht angegeben werden. Eine ausgewogene Zusammensetzung ist jedoch immer ein guter Grund, die Nährstoffzusammensetzung auf die Verpackung zu drucken.

Für lose verkaufte Waren wie Brot aus der Bäckerei ist eine Liste der Inhaltsstoffe nicht vorgeschrieben. Wer Näheres wissen möchte, sollte sich an die Verkäufer wenden.

Gelegentlich verändern Hersteller die Zutaten eines Produktes, um das Rezept zu verbessern. Es ist darum sinnvoll, auch bei vertrauten Produkten regelmäßig die Zutatenliste zu lesen, um solche Veränderungen zu entdecken.

Beispiel-Zutatenliste eines typischen Müslis

Zutaten

Vollkornweizen, Haferflocken, Rosinen (12,5 %), Zucker, Magermilchpulver, Molkenpulver, gemischte Nüsse (3 %, Haselnüsse, Mandeln), Gerstenmalz, Salz

Enthält: Gluten, Kuhmilch, Nüsse

Nährwert-Information

	Pro Portion 40 g	Pro Portion 100 g
Energie	613 kJ	1532 kJ
	145 kcal	362 kcal
Proteine	4,1 g	10,3 g
Kohlenhydrate	26,9 g	67,2 g
(davon Zucker)	8,8 g	21,9 g
Fette	2,3 g	5,8 g
(davon gesättigt)	0,3 g	0,8 g
Ballaststoffe	2,8 g	6,9 g
(davon löslich)	0,7 g	1,7 g
(davon unlöslich)	2,1 g	5,2 g
Natrium	0,07 g	0,17 g

Diese Werte werden von Ernährungswissenschaftlern für Erwachsene durchschnittlichen Gewichts empfohlen. Sie müssen je nach Alter, Gewicht, Körperbau und Lebensstil angepasst werden. Diese Packung enthält mindestens 37 Portionen.

Pro Portion (40 g/4 Esslöffel)

145 kcal 2,3 g Fett 0,17 g Salz

Empfohlene Tagesmengen

Pro Tag	Frauen	Männer
Kalorien	2000 kcal	2500 kcal
Fett	70 g	95 g
Salz	5 g	7 g

Milchfrei einkaufen und kochen

Die Umstellung auf milchfreie Ernährung mag Ihnen in Bezug auf den Einkauf schwierig scheinen. Sie werden aber staunen, wie viele milchfreie Lebensmittel ein ganz normaler Supermarkt im Sortiment hat. Entsprechend schnell werden sich dann auch Ihre Einkaufs- und Kochgewohnheiten ändern.

Milchfrei einkaufen

Die Liste der milchfreien Lebensmittel auf Seite 25 ff. eignet sich auch als Einkaufszettel für den Grundbedarf. Einige Geschäfte haben sogar einen speziellen Bereich oder ein Regal mit Produkten für Menschen mit besonderen Ernährungsbedürfnissen.

Eine Ernährungsumstellung ist eine gute Möglichkeit, sich einmal grundsätzlich mit den eigenen Essgewohnheiten auseinander zu setzen und ein bisschen mehr für die Gesundheit zu tun. Legen Sie sich einen Vorrat vielfältiger, abwechslungsreicher Produkte zu (siehe rechts). Füllen Sie Kühlschrank und Speisekammer mit Fisch, Hähnchen, Eiern, magerem Fleisch, Obst, frischem und tiefgefrorenem Gemüse, Sojamilch, -joghurt und -käse. Sorgen Sie auch für reichlich milchfreie Getränke, die Ihnen schmecken: Wasser, Tee und Fruchtsäfte. Und nutzen Sie doch gleich die Gelegenheit, sich einige Utensilien zum gesunden Kochen zuzulegen.

Küchenutensilien für die gesunde Küche

- Beschichtete Pfannen
- Wok
- Dämpfer
- Schnellkochtopf
- Mixer
- Gemüsebürste und -schäler
- Entsafter

Der Vorratsschrank

Diese haltbaren Lebensmittel sollten Sie im Haus haben:

- Milchfreie Frühstückscerealien, z. B. Hafer- und andere Getreideflocken, Cornflakes
- Frische, mit Kalzium angereicherte Sojamilch, Sojacreme, Sojakäse und Sojajoghurt
- Frisches Gemüse der Saison, z. B. Süßkartoffeln, Paprika, Brokkoli, Tomaten, Zwiebeln, Auberginen, Chillies, Kürbis, Zuckererbsen, Möhren, Frühlingszwiebeln, Erbsen (tiefgefroren)
- Frisches Obst der Saison, z. B. Birnen, Äpfel, Bananen, Zitronen, Limetten, Lychees, Mango
- Frische Kräuter, z. B. Koriander, Minze, Petersilie
- Reis und Nudeln, z. B. Tagliatelle, Makkaroni, Reisnudeln, Basmati-Reis, Risotto-Reis
- Popcornmais, Nüsse und Samen (ungewürzt), z. B. Erdnüsse, Pinienkerne, Mandelblättchen, Walnüsse, Sesam
- Vollkornmehl, Weizenmehl, Reismehl, Speisestärke
- Buchweizen, Couscous, Polenta
- Trockenfrüchte, z. B. Aprikosen, Pflaumen, Rosinen
- Bohnen, Erbsen und Linsen (getrocknet oder Konserven)
- Obst im eigenen Saft (Konserven)
- Tomaten, Bambusschösslinge und Mais (Konserven)
- Lachs, Makrele, Tunfisch und Sardinen in Lake (Konserven)
- Tofu
- Knoblauch, Ingwer, Chillies, Zitronengras, Oliven, Essig, thailändische Fischsauce, milchfreie Sojasauce (hell und dunkel), milchfreier Tomatenketchup, Senf, Honig
- Gewürze, z. B. Chilipulver, Currypaste, Kurkuma, Kreuzkümmel, gemahlener Zimt
- Oliven-, Erdnuss-, Raps-, Sesam- und Chiliöl
- Instantbrühe (Huhn, Gemüse und Rind)
- Haltbare, mit Kalzium angereicherte Sojamilch und Sojacreme
- Haltbare Soja-Vanillesauce (Fertigprodukt, fettarm)

Milchfrei kochen

Sojamilch und ähnliche Produkte kann man in vielen Fällen einfach gegen Milch austauschen: zum Müsli, im Tee sowie für zahlreiche Saucen, Suppen und andere süße und herzhafte Gerichte (siehe auch Seite 26 f.). Ideen für gesunde, leckere Rezepte, mit denen Sie Familie und Gäste ganz ohne Milch verwöhnen können, finden Sie im zweiten Teil dieses Buches.

Beispiele für eine gesunde milchfreie Ernährung

	Menü 1	Menü 2	Menü 3	Menü 4	Menü 5
Frühstück	Mango-Smoothie (Seite 138) Porridge mit Honig (Seite 47)	Frischer Orangensaft Luxus-Frühstücksmüsli (Seite 44)	Warme Dörrpflaumen mit Kokosnuss und Orangenschale (Seite 48) Vollkorntoast mit Hefe-Aufstrich Heißer Zitronengras-Drink (Seite 138)	Apfelsaft Kokospfannkuchen mit Früchten und Ahornsirup (Seite 44)	Frischer Orangensaft Bratreis mit Schinken, Erbsen und pochiertem Ei (Seite 49)
Mittagessen	Möhren-Süßkartoffel-Suppe (Seite 72) Bauernbrot	Gegrilltes Lachssteak mit Zitronensauce (Seite 85) Grüner Salat	Gefüllte Paprika mit aromatischem Reis (Seite 96)	Omelette-Streifen in milder Brühe (Seite 75) Vollkornbrötchen	Drei-Kostbarkeiten-Nudelsuppe mit Brokkoli und Bohnensprossen (Seite 74)
Abendessen	Gebackener, marinierter Seebarsch auf Süßkartoffelpüree (Seite 85) Birnencrumble (Seite 129)	Möhren-Kürbis-Risotto (Seite 98) Würziger Gurkensalat mit Kochschinken (Seite 67)	Lammkoteletts mit frischen Pfefferkörnern und Schalotten (Seite 120) Möhrenrohkost Grüner Salat Wassermelonen-Granita (Seite 137)	Gemüselasagne (Seite 106) Bratäpfel mit Walnüssen und Vanillesauce (Seite 129)	Hähnchenpfanne mit Gemüse und Cashewkernen (Seite 116) Asiatischer Obstsalat (Seite 126)

Wer sein Gewicht halten will, sollte sich auf zwei bis drei Desserts pro Woche beschränken. An den übrigen Tagen essen Sie lieber ein Stück frisches Obst. Alternativ können Sie auch mal Obstkompott oder gemischten Obstsalat probieren.

Ernährung für Kinder

Gesunde Ernährung ist für das normale Körperwachstum und für die geistige und körperliche Entwicklung wichtig. Wer frühzeitig gesundes Essverhalten lernt, wird es auch später beibehalten. Es ist ungefährlich, eine für die Kinderernährung wichtige Lebensmittelgruppe wie die Milchprodukte auszuschließen, solange das Kind stattdessen mit gesunden Alternativen wie Kalzium angereicherter Sojamilch, Sojajoghurt etc. versorgt wird. In Zweifelsfällen fragen Sie immer Ihren Arzt oder einen Ernährungsberater.

Säuglinge

Sind in einer Familie ausgeprägte Lebensmittelallergien bekannt, wird jungen Müttern empfohlen, während der Stillzeit auf diese Produkte zu verzichten und sich ärztlich beraten zu lassen. Milchallergien treten bei Kindern meist im ersten Lebensjahr auf, wenn Fertig-Milchnahrung mit Kuhmilch-Bestandteilen eingeführt wird. Meist klingen die Beschwerden bis zum fünften Lebensjahr wieder ab. Laktose-Intoleranz tritt oft erst im Erwachsenenalter auf. Grundsätzlich wird empfohlen, Säuglinge während der ersten sechs Lebensmonate möglichst ausschließlich zu stillen und dann allmählich umzugewöhnen. Man nimmt an, dass das Stillen auch einen gewissen Schutz vor anderen Allergien bietet, daher ist dies vor allem in allergiebelasteten Familien wichtig. Manche Kinder werden allerdings schon mit sechs Monaten von Muttermilch allein nicht satt, darum sollten Sie den Zeitpunkt des Abstillens mit dem Kinderarzt besprechen, der das Kind im Rahmen der Vorsorgeuntersuchungen kennen gelernt hat.

Wird bei einem Säugling eine Kuhmilch-Allergie diagnostiziert, ist in jedem Fall eine Ernährungsberatung nötig. Sobald das Kind auf milchfreie Nahrung umgestellt ist, wird es ihm sichtbar besser gehen. Wer nicht stillt, muss dem Kind eventuell eine spezielle Säuglingsmilch mit hydrolysiertem (in seine kleinsten Bestandteile aufgespaltetem) Milchprotein geben. In manchen Fällen wird auch eine Säuglingsmilch auf Sojabasis empfohlen.

Wer im Zuge des Abstillens sein Kind auf eine kuhmilchfreie Ernährung umstellen will, sollte ebenfalls einen Ernährungsberater konsultieren.

Kindergarten- und Schulkinder

Sehr bald werden die Kinder erkennen, dass sich ihre Ernährungsbedürfnisse von denen ihrer Freunde unterscheiden. Weil Kinder aber ungern »anders« sind, ist es wichtig, von der speziellen Ernährung möglichst wenig Aufhebens zu machen. Leider gehören viele der unverträglichen Milchprodukte – etwa Pudding, Eis und Schokolade – zu den Lieblingsspeisen. Schon darum ist es wichtig, attraktive Alternativen anzubieten.

Frühstück

Obwohl es wie ein Klischee klingt: Dies ist eine der wichtigsten Mahlzeiten des Tages. Geht ein Kind regelmäßig ohne Frühstück aus dem Haus, besteht ein ernsthaftes Risiko von Mangelerscheinungen, weil dem heranwachsenden Organismus eine Menge der notwendigen Nährstoffe fehlt. Kinder mit Mangelerscheinungen sind weniger aufmerksam, unkonzentriert und ermüden schneller. Ein regelmäßiges Frühstück mit ausreichend Zeit sollte zur festen Gewohnheit werden, planen Sie also eine gewisse Zeit dafür ein. Das Frühstücken kann schnell langweilig werden, wenn es immer das Gleiche gibt. Kaufen Sie verschiedene Cerealien ein, Backwaren wie Muffins oder Brötchen, halten Sie verschiedene Sorten Sojajoghurt mit Kalzium und Obstkonserven im eigenen Saft bereit. Kleine Kinder lieben Apfelmus, das man leicht am Vorabend zubereiten oder in größeren Mengen kochen und portionsweise einfrieren kann. Wenn Ihr Kind wirklich nichts essen mag, können Sie ihm vielleicht Sojamilch oder -kakao als Kompromiss anbieten und die Lunchbox (siehe Seite 37) etwas üppiger füllen.

Frühstücksideen

- Porridge mit Honig (siehe Seite 47) und Mango-Smoothie (siehe Seite 138)
- Warme Dörrpflaumen mit Kokos und Orangenschale (siehe Seite 48) zu milchfreiem Müsli
- Bratreis mit Schinken, Erbsen und pochiertem Ei (siehe Seite 49)

Mittagessen in der Schule

Dem Personal der Schulmensa müssen besondere Ernährungsvorschriften für Ihre Kinder bekannt sein. Vereinbaren Sie am besten einen Gesprächstermin mit der Küchenleitung, um die Möglichkeiten spezieller Angebote abzustimmen. Hier sind einige Vorschläge:

- Süß-saures Hähnchen mit Reis
- Brathähnchen, Kartoffeln und Gemüse
- Spaghetti mit Fleischklößchen
- Gulasch mit Kartoffeln
- Kartoffelbrei mit Sojamilch und reiner Pflanzenmargarine
- Gemüsesuppe
- Salatteller mit Tunfisch und Ei
- Kartoffelpuffer mit Apfelmus

Und zum Nachtisch:

- Obst
- Götterspeise
- Früchte mit Streuseln
- Baiser
- Sojapudding

Für die Lunchbox

Geben Sie Ihrem Kind eine stabile Lunchbox mit, in der die mitgenommenen Snacks lange frisch bleiben. Probieren Sie einmal die folgenden Vorschläge:

- Fladenbrot, gefüllt mit Hähnchenfleisch und Salat. Frisches Obst, Soja-Dessert mit Kalzium, Rosinen und ein milchfreies Getränk
- Hähnchenschenkel, Vollkornbrot, Gemüsestückchen, frisches Obst, Sojajoghurt (wenn er bis zum Essen im Kühlschrank gelagert werden kann), milchfreier Muffin und ein milchfreies Getränk
- Wrap mit Lachs und Eisbergsalat-Streifen, frisches Obst, milchfreie Vollkornkekse und ein milchfreies Getränk
- Tunfischsalat mit Reis und Gemüse, Trockenfrüchte, Soja-Dessert, Möhrenkuchen und ein milchfreies Getränke
- Couscous-Salat, frisches Obst, milchfreier Muffin, Orangensaft

Ihr Kind muss wissen, dass es keinesfalls sein Essen mit Freunden tauschen darf. Der Klassenlehrer sollte über die Unverträglichkeit Ihres Kindes informiert werden, damit auf Ausflügen oder Klassenreisen darauf reagiert werden kann.

Mittagessen zu Hause

Kinder lieben sahnig-sanfte Gerichte. Kein Problem, denn Kuhmilch kann in fast allen Rezepten durch ein Alternativprodukt ersetzt werden. Ob sahnige Nudelgerichte, Lasagne, Pudding oder Milchreis: Viele Gerichte kann man auch in großen Mengen auf Vorrat kochen und portionsweise einfrieren. Im zweiten Teil dieses Buches finden Sie eine Fülle leckerer Ideen.

- Überbackene Makkaroni mit Cocktailtomaten (siehe Seite 105)
- Gebratene Hähnchenbrust mit cremiger Basilikumsauce (siehe Seite 88)
- Gegrilltes Lachssteak mit Zitronensauce (siehe Seite 85)
- Fischgratin (siehe Seite 110)
- Gebackener, marinierter Seebarsch auf Süßkartoffelpüree (siehe Seite 85)
- Rosmarin-Cheeseburger mit Bananenchips und Tomatensalsa (siehe Seite 93)

Versuchen Sie es doch auch einmal mit Rezepten aus Thailand. Vielleicht mögen Ihre Kinder eine exotische Abwechslung auf dem Tisch:

- Gedämpftes Kabeljaufilet mit buntem Gemüse (siehe Seite 113)
- Gedämpftes Hähnchen mit Ingwerreis (siehe Seite 89)
- Gelbes Lamm-Curry mit Zwiebeln (siehe Seite 120)

Tipps für die milchfreie Kinderernährung

- Im ersten Lebensjahr stillen oder die von Kinderarzt empfohlene Säuglingsnahrung füttern.
- Mit sechs Monaten (eventuell schon früher) allmählich abstillen. Geeignete erste Lebensmittel: pürierte Kartoffeln, Möhren, Birnen, Äpfel (reife Bananen und Avocado nicht vor dem sechsten Lebensmonat).
- Kuhmilch nur auf Rat des Kinderarztes einführen.
- Ab dem sechsten Monat Lebensmittel mit reichlich Eisen (rotes Fleisch, Eigelb, grüne Blattgemüse, Aprikosen, Getreide) und Vitamin C (Zitrusfrüchte, schwarze Johannisbeeren, Brokkoli, Paprika, Tomaten) füttern.
- Fettarme Produkte vermeiden.
- Am Ende des ersten Lebensjahres abwechslungsreichere Kost füttern.
- Vom ersten Geburtstag an nimmt das Kind an den Familienmahlzeiten teil, dazu je nach Appetit Zwischenmahlzeiten wie Sojajoghurt, Obst, Gemüse.
- Zwei bis drei Portionen kalziumreicher Lebensmittel pro Tag geben.
- Kindergartenpersonal oder Tagesmutter über die Ernährungsvorschriften des Kindes informieren.

Essen gehen

Wer sich völlig milchfrei ernährt, kann auch beim Restaurantbesuch keine Experimente machen. Überlegen Sie genau, was im Restaurant – oder bei Freunden und Verwandten – auf den Tisch kommen könnte. Fragen Sie nach und bringen Sie eventuell Speisen oder Getränke selbst mit. Informieren Sie den Gastgeber immer im Vorwege über Ihre Bedürfnisse. So ersparen Sie ihm und sich peinliche Momente am Tisch. Ein Buffet kann für Personen mit sehr strengen Ernährungsvorschriften bedenklich sein, da z. B. durch Vorlegebesteck, das mal in dem einen Salat steckt und dann für einen anderen benutzt wird, kleine Reste von milchhaltigen Produkten auch in vermeintlich milchfreien Produkten sein können.

Chinesisch

Wer sich milchfrei ernährt, ist im chinesischen Restaurant gut aufgehoben, weil in dieser Küche Milch kaum eine Rolle spielt. Probieren Sie Hähnchen mit Zitrone, Gemüse- und Tofugerichte, knusprige Ente, süßsaures Hähnchen oder Bratreis mit Eiern. Statt Früchten im Teig wählen Sie zum Dessert Lychees oder ein Sorbet.

Thai

Auch die Thai-Küche verwendet in herzhaften Gerichten nahezu keine und in Desserts sehr wenig Milch. Stattdessen wird jedoch reichlich Kokosmilch und -creme eingesetzt, die reich an gesättigten Fetten ist (siehe Seite 26).

Folgende Gerichte sind mit ziemlicher Sicherheit frei von Milchprodukten: Glasnudelsalat mit Schweinefleisch und Krabben, grünes oder rotes Rindfleischcurry mit Gemüse, gebratenes Gemüse mit Knoblauch in milder Brühe, gedämpfter oder gegrillter Barsch mit Kräutern, klare Gurkensuppe mit Koriander – und dazu gekochter, weißer Reis. Desserts mit Kuhmilch oder Kondensmilch sind natürlich tabu.

Italienisch

Beim Besuch beim Italiener scheiden viele Gerichte von vornherein aus, beispielsweise Pizza, viele Pastagerichte, Risotto, Lasagne. Probieren Sie stattdessen Nudeln mit sonnengetrockneten Tomaten (ausdrücklich ohne Butter bestellen), Focaccia und Salat. Manche Restaurants bieten frischen Fisch und Salat an. Wenn Pizzabeläge frei gewählt werden können, verzichten Sie auf Käse. Fragen Sie nach, ob das Brot mit Olivenöl gebacken ist (und nicht mit Butter oder Margarine), und bestellen Sie frische Früchte als Dessert.

Indisch

In der traditionellen indischen Küche wird mit Ghee (geklärter Butter) gekocht, doch wegen des steigenden Gesundheitsbewusstseins setzt sich Öl immer öfter durch. Einige Gerichte enthalten Joghurt, auch sahnige Speisen wie Khorma sind tabu. Wählen sie Gemüsecurries ohne Joghurt oder Sahne und dazu Reis oder Pappadam. Als Dessert passt dazu ein Sorbet.

Burger & Co.

Fragen Sie nach, ob die Brötchen Butter oder Margarine enthalten und ob im Fleischteig Milchprodukte verarbeitet werden. Bestellen Sie einen Burger mit Salat ohne Dressing und Käse. Milchfreie Brötchen können Sie auch selbst mitbringen. Unpanierte Hähnchenbrust oder -flügel sind eine gute Alternative. Viele Burger-Ketten halten eine ausführliche Zutatenliste aller Produkte bereit, die man auf der Website lesen oder im Restaurant anfordern kann.

Gutbürgerlich

In der Kneipe an der Ecke oder im Restaurant bestellen Sie am besten ein Steak mit Folienkartoffeln (ohne Quark) und Gemüse oder Salat mit Vinaigrette. Schnitzel und Fisch sind häufig paniert, Bratkartoffeln oft in Butter gebraten. Cremesuppen sollten Sie meiden, wählen sie lieber eine klare Gemüse- oder Fleischbrühe. In Zweifelsfällen fragen Sie immer den Kellner oder den Koch.

Im Ausland

Teilen Sie der Fluggesellschaft Ihren Menüwunsch frühzeitig mit und erkundigen Sie sich auch nach den Angeboten im Hotel oder am Urlaubsziel. Nehmen Sie eventuell haltbare Sojaprodukte mit. Es ist auch sinnvoll, die Begriffe für die milchfreien Lebensmittel in der Landessprache zu kennen, damit Sie im Restaurant danach fragen können. Notfalls lassen Sie sich die Begriffe aufschreiben und zeigen sie dem Kellner oder Verkäufer.

Häufig gestellte Fragen

Muss ich ein Kalziumprodukt einnehmen, wenn ich mich milchfrei ernähre?

Es sollte genügen, mit Kalzium angereicherte Alternativprodukte zu verwenden. Allerdings spielt auch die verzehrte Menge der Alternativprodukte und die sonstige Ernährung eine Rolle. Im Zweifelsfall besprechen Sie Ihre individuelle Ernährung mit einem Ernährungsberater.

Ich achte auf den glykämischen Index. Haben Milch-Alternativen einen höheren GI?

Milchprodukte haben einen eher geringen glykämischen Index, und die Alternativprodukte spielen ebenfalls in Bezug auf den GI (glykämischer Index) keine erhebliche Rolle. Sie sollten aber vorsichtshalber beim Hersteller nachfragen. (Der glykämische Index, auch unter dem Namen »GLYX« bekannt, gibt an, wie der Blutzuckerspiegel nach dem Genuss eines bestimmten Nahrungsmittels ansteigt).

Welche Medikamente darf ich nehmen, wenn ich mich milchfrei ernähre?

Mehr als 20 Prozent der verschreibungspflichtigen und etwa 6 Prozent der frei verkäuflichen Medikamente enthalten Laktose, wenn auch in kleinen Mengen, die nur bei schwerer Laktose-Intoleranz (extremer Mangel an Laktose bis hin zum völligen Fehlen dieses Enzyms) bedenklich sind. Bei homöopathischen Mitteln beispielsweise können Sie die Globuli bedenkenlos einnehmen, da sie auf Basis von Saccharose hergestellt sind. Vorsicht ist jedoch bei homöopathischen Tabletten (Schüßler-Salze) oder Pulvern geboten. Fragen Sie im Zweifelsfall Ihren Arzt oder Apotheker. Bei einer Überreaktion auf ein Medikament ist natürlich auch denkbar, dass nicht die Laktose der Auslöser ist, sondern der Wirkstoff.

Darf ich kosmetische Produkte auf Milchbasis trotzdem äußerlich anwenden?

Die meist als Cremes oder Badezusätze angebotenen Kosmetikprodukte können Sie ohne Bedenken an Ihre Haut lassen, da der enthaltene Milchzucker nicht in den Darm gelangen kann, um dort Beschwerden auszulösen.

Wie schnell werde ich nach einer Ernährungsumstellung eine Veränderung spüren?

Das ist schwierig vorherzusehen. Symptome einer Laktose-Intoleranz oder Allergie klingen oft schon nach wenigen Tagen ab, vereinzelt kann es aber auch einige Wochen dauern. Das ist individuell sehr unterschiedlich. Geben Sie jedoch nicht zu schnell auf!

Weitere Informationen

Strenge Ernährungsvorschriften können Probleme mit sich bringen, darum ist der Austausch mit anderen Betroffenen sehr wichtig. Im Anhang auf Seite 140–141 finden Sie einige nützliche Adressen von Organisationen, bei denen Menschen mit Milch-Unverträglichkeiten Information und Hilfe finden.

Ein Wort vom Chefkoch

Es war eine Herausforderung für mich, die Rezepte für dieses Buch zusammenzustellen. Da ich aus Thailand stamme, waren mir Milch-Unverträglichkeiten kaum bekannt – einfach weil in unserer Küche kaum Milchprodukte verwendet werden. Also musste ich zuerst einiges über Laktose-Intoleranz und die Beschwerden, die sie verursacht, lernen.

Als ich mich mit den Symptomen befasste, die bei Milch-Unverträglichkeiten auftreten können, las ich auch etwas über Magenschmerzen. Die Beschreibung dieser Beschwerden kam mir so vertraut vor, dass ich nicht ausschloss, sie aus eigener Erfahrung zu kennen. Das wäre gar nicht verwunderlich, wenn man bedenkt, dass besonders viele Asiaten von einer Laktose-Intoleranz betroffen sind. Ich machte die Probe aufs Exempel und verzichtete zwei Wochen lang auf alle Milchprodukte. Tatsächlich blieben die Beschwerden aus und kehrten erst zurück, als ich wieder Milch in meinen Tee gab und Butter auf den Toast strich. Jetzt verwende ich für Tee und Cappuccino Sojamilch und bestreiche den Toast mit reiner Pflanzenmargarine. Ich muss zugeben, dass ich »richtige« Milch und Butter manchmal vermisse, aber die Erinnerung an die Magenschmerzen hilft mir über diese Gedanken hinweg. Auch durch die Zusammenarbeit mit der Ernährungsberaterin Tanya Carr habe ich viel gelernt, weil sie sehr darauf geachtet hat, dass ich für die Rezepte nur absolut verträgliche Zutaten verwendete.

Die Rezepte in diesem Buch stammen teilweise aus Thailand und teilweise aus der westlichen Welt. Einerseits wird so die asiatische Küche genauer vorgestellt, die generell wenig Milchprodukte vermittelt und besonders verträglich ist. Andererseits werden Sie entdecken, dass sich auch vertraute Klassiker sehr gut mit milchfreien Alternativprodukten wie beispielsweise Hafermilch, Reismilch oder Kokosmilch zubereiten lassen.

Obwohl die thailändische Küche meine Spezialität ist, kenne ich mich auch mit der westlichen Küche gut aus, denn ich habe viele Jahre in England und den USA gelebt. Wenn Sie meinen, dass die Thai-Küche kompliziert ist, sollten Sie bedenken, dass die westliche Küche ebenso verwirrend sein kann, wenn man mit den Zutaten nicht vertraut ist. Wimuta, einer der Köche aus meinem Restaurant Busabong, hat mich bei den Fototerminen für dieses Kochbuch unterstützt. Am ersten Tag, als wir thailändische Gerichte fotografierten, lief alles glatt. Als aber die westlichen Gerichte an die Reihe kamen, war er schockiert und fand die Arbeitsweise sehr mühsam. Er konnte nicht fassen, dass für ein einfaches Gericht wie ein Fischgratin so viele Arbeitsschritte nötig waren, und erklärte, er würde lieber alle 180 Gerichte auf unserer Speisekarte kochen als ein Einziges von diesen westlichen Gerichten. Nach einigen Tagen kannte er sich aber mit den Zutaten – und folglich mit ihrer Zubereitung – besser aus.

Für versierte Köche und Ungeübte ist es gleichermaßen wichtig, ein Verständnis für die Zutaten zu entwickeln. Erst dadurch kann man die verschiedenen Zubereitungsmethoden verstehen und die eigene Kreativität am Herd voll entfalten. Sie werden feststellen, dass Sojaprodukte sich für viele Rezepte bestens eignen und ausgezeichnet schmecken. Milchfrei zu kochen bedeutet nicht, dass es mit mehr Aufwand verbunden ist. Die Umstellung mag zunächst ein Lernprozess sein – dabei möchte ich Ihnen helfen. Sie werden feststellen, dass Sie die milchfreie Ernährung schon bald in Ihren Alltag integriert haben und Ihnen das Umdenken weniger Mühe machen wird.

Frühstück und Spätimbiss

Luxus-Frühstücksmüsli

Müsli kann man leicht selbst machen, zumal gekaufte Produkte oft Milchbestandteile enthalten. Wer es für den Vorrat vorbereiten möchte, sollte geröstete Flocken und Trockenfrüchte separat in luftdicht schließenden Dosen aufbewahren. Sojamilch sollte immer griffbereit stehen. Für 4 Portionen

- 50 g gemischte Nüsse und Samen, z. B. gehobelte Mandeln und Haselnüsse, Sonnenblumenkerne
- 125 g gemischte Getreideflocken, z. B. Hafer- und Grünkernflocken
- 100 g gemischte Trockenfrüchte, z. B. sonnengetrocknete Bananenscheiben, Rosinen, Sultaninen, Datteln, Aprikosen und Pflaumen, entkernt und in Stücke geschnitten
- 1,2–1,8 Liter Sojamilch
- frische Pfirsich- und Erdbeerstückchen, nach Saison auch andere Früchte
- brauner Zucker oder flüssiger Honig nach Geschmack

Die Nüsse und Samen in einer beschichteten Pfanne ohne Fett goldbraun anrösten, dabei ständig rühren, damit sie nicht anbrennen. Vom Herd nehmen und abkühlen lassen. Nicht abdecken. Die Getreideflocken in derselben Pfanne rösten und ebenfalls abkühlen lassen.

Die Trockenfrüchte mit den abgekühlten Nüssen und Getreideflocken mischen.

Das Müsli mit Sojamilch und frischen Früchten servieren, nach Geschmack mit braunem Zucker bestreuen oder Honig darüber träufeln.

Pro Portion: 256 kcal, 9 g Fett, 1 g gesättigte Fette, 15 g Proteine, 9 g Sojaprotein, 360 mg Calcium, 0,05 g Natrium

Kokospfannkuchen mit Früchten und Ahornsirup

Die thailändische Küche kommt ohne Kokos nicht aus – mal flüssig als Kokosmilch, mal getrocknet und geraspelt. Auch köstliche Pfannkuchen kann man mit Kokosmilch zubereiten. Wer morgens größeren Hunger hat, serviert sie mit Bananenscheiben. Für 4 Portionen

- 1 Esslöffel reine Pflanzenmargarine
- 2 Bananen, geschält und in 5 mm dicke Scheiben geschnitten
- 2 Esslöffel Ahornsirup
- 1 1/2 Esslöffel frisch gepresster Limettensaft
- 3 1/2 Esslöffel Zucker
- 4 1/2 Esslöffel Reismehl
- 85 g Weizenmehl, gesiebt
- 55 g getrocknete Kokosraspel
- 1 großes Ei
- 300 ml Sojamilch
- 3–4 getrocknete Feigen, fein gehackt
- 1 Teelöffel abgeriebene Limettenschale
- etwas reine Pflanzenmargarine oder Pflanzenöl zum Braten
- Limettenschnitze
- Ahornsirup

Die Margarine in einer Pfanne bei niedriger Temperatur schmelzen. Die Bananen zugeben und im Fett wenden. Ahornsirup und Limettensaft zugeben und vermischen. Vom Herd nehmen und beiseite stellen.

In einer großen Schüssel Zucker, Reismehl, Mehl und Kokosraspel vermischen. Das Ei in einer zweiten Schüssel mit der Sojamilch verquirlen. Die Eiermischung zu den Trockenzutaten geben und zu einem glatten Teig verrühren. Durch die Kokosraspel ist der Teig recht körnig, doch Klümpchen sollte er nicht enthalten. Feigen und Limettenschale einrühren.

Etwas Pflanzenmargarine oder -öl in einer beschichteten Pfanne erhitzen. 3 Esslöffel Teig in die Pfanne geben und mit der Rückseite eines Esslöffels dünn verstreichen. Bei starker Hitze ca. 50 Sekunden braten, bis sich an der Oberfläche Bläschen zeigen. Mit einem Spatel wenden und die andere Seite braten. Aus dem restlichen Teig weitere Pfannkuchen braten.

Pfannkuchen zusammen mit den Bananenscheiben in Ahornsirup servieren. Limettenschnitze und Ahornsirup zum Beträufeln dazu reichen.

Pro Portion: 489 kcal, 21 g Fett, 10 g gesättigte Fette, 9 g Proteine, 2 g Sojaprotein, 104 mg Calcium, 0,15 g Natrium

Warme Süßkartoffeln in Ingwersirup

Dies ist mein Favorit unter den süßen Rezepten. In Thailand isst man es zu jeder Tageszeit. Da es keine Milchprodukte enthält, eignet es sich für Personen mit Laktose-Unverträglichkeit sehr gut.

Für 4 Portionen

500 g Süßkartoffeln, geschält und in Stücke von 2 x 1 cm Größe geschnitten
1 großes Stück Ingwerwurzel, in Stücke geschnitten und leicht zerdrückt
100 g Zucker

600 ml Wasser aufkochen und die Süßkartoffeln zugeben. Wieder aufkochen, dann die Ingwerstücke zugeben und 20 Minuten leicht köcheln lassen, bis die Kartoffeln gar sind.
Den Zucker zugeben und unter Rühren auflösen.
Vom Herd nehmen, die Ingwerstücke aus dem Sirup nehmen, in Portionsschälchen servieren.

Pro Portion: 210 kcal, 1 g Fett, 0,2 g gesättigte Fette, 2 g Proteine, 33 mg Calcium, 0,05 g Natrium

Porridge mit Honig

Hier ist ein köstlich-gesundes Rezept für Porridge. Süßen Sie nach Geschmack mit flüssigem Honig oder etwas braunem Zucker. Auch mit Rosinen schmeckt der Haferflockenbrei gut.

Für 4 Portionen

150 g Haferflocken
700 ml Sojamilch
flüssiger Honig oder brauner Zucker nach Geschmack
Rosinen nach Geschmack

Haferflocken, Sojamilch und 700 ml Wasser in einem Topf gut verrühren.
Die Mischung aufkochen und die Haferflocken 5 Minuten leicht köcheln lassen. Dabei gelegentlich rühren, damit der Brei beim Eindicken nicht am Topfboden ansetzt.
Mit Honig oder braunem Zucker nach Geschmack süßen und nach Belieben mit Rosinen bestreuen.

Pro Portion: 187 kcal, 5 g Fett, 1 g gesättigte Fette, 11 g Proteine, 5 g Sojaprotein, 43 mg Calcium, 0,05 g Natrium

Warme Dörrpflaumen mit Kokosnuss und Orangenschale

Dörrpflaumen kennt man als Zutat für ein gesundes Frühstück oder Dessert. Dies ist ein herrliches Frühstücksrezept für kalte Wintertage, das ganz nebenbei der Verdauung hilft – falls nötig. Für 4 Portionen

250 g entsteinte Trockenpflaumen
250 ml Orangensaft
1 große unbehandelte Orange
2 Esslöffel Kokoscreme
brauner Zucker zum Bestreuen

Die Pflaumen in einem Topf mit dem Orangensaft übergießen und 30 Minuten einweichen. Danach aufkochen und 20 Minuten bei kleiner Hitze köcheln lassen.
Inzwischen die Orangenschale dünn abreiben. Sie brauchen etwa 2 Esslöffel Orangenschale.
Die Pflaumen in Portionsschälchen geben. Jede Portion mit einem halben Esslöffel Kokoscreme anrichten, mit Orangenschale und braunem Zucker bestreuen.

Pro Portion: 175 kcal, 3 g Fett, 2 g gesättigte Fette, 3 g Proteine, 55 mg Calcium, 0,01 g Natrium

Gebratenes Brot mit Ei und Honig

In Thailand nennt man dieses Gericht »Französisches Brot« – fragen Sie mich nicht, warum! Es ist bei der wohlhabenden Bevölkerung sehr beliebt und duftet verführerisch nach Honig.
Für 4 Portionen

Pflanzenöl zum Frittieren
4 mittelgroße Eier
4 Scheiben Weißbrot
flüssiger Honig zum Beträufeln

Reichlich Öl in einer großen Pfanne mit hohem Rand oder in einer Fritteuse auf 180 °C erhitzen. Ist das Öl beim Einlegen des Brotes nicht heiß genug, saugen sich die Brote sehr mit Öl voll.
Inzwischen die Eier in einer großen Schüssel mit einer Gabel verquirlen.
Die Brotscheiben einzeln sorgfältig im Ei wenden und vorsichtig in das Frittieröl geben. Das Weißbrot muss ganz mit Öl bedeckt sein. Mit einer Zange mehrmals wenden und dabei goldbraun ausbacken.
Die Brotscheiben mit der Zange aus der Pfanne nehmen und auf mehreren Lagen Küchenpapier abtropfen lassen.
Mit etwas Honig beträufeln und servieren.

Pro Portion: 246 kcal, 11 g Fett, 2 g gesättigte Fette, 9 g Proteine, 68 mg Calcium, 0,25 g Natrium

Bratreis mit Schinken, Erbsen und pochiertem Ei

In Thailand isst man Reis zum Frühstück, zum Mittag, zum Abend und als späten Snack. Wir können davon einfach nicht genug bekommen – für uns ist Reis so wichtig wie für die Europäer Brot oder Kartoffeln. Für 4 Portionen

- 4 Esslöffel Pflanzen- oder Erdnussöl
- 310 g Hähnchenbrustfilet, in dünne Streifen geschnitten
- 310 g gekochter Schinken, fein gewürfelt
- 80 g Zwiebeln, geschält und in Ringe geschnitten
- 80 g feine Erbsen, frisch oder tiefgefroren
- 1 kg gekochter Reis (siehe rechts)
- 1 Teelöffel Zucker
- Salz
- 2 Esslöffel Tomatenketchup
- 1 Esslöffel Weißweinessig
- 4 Eier

Einen Wok oder eine große Pfanne bei mittlerer Temperatur vorheizen, dann das Öl zugeben. Die Hähnchenstreifen unter ständigem Rühren hellbraun anbraten. Schinkenwürfel und Zwiebelringe zugeben und ebenfalls kurz anbraten. Erbsen und Reis zugeben und alles erhitzen. Dabei häufig umrühren. Mit Zucker, Salz und Tomatenketchup würzen und gut verrühren, damit die Farbe des Ketchups gleichmäßig verteilt ist.

In einem Topf reichlich Wasser und Essig aufkochen. Die Eier einzeln in eine Suppenkelle oder Tasse schlagen und ins Wasser gleiten lassen. Den Herd abschalten, den Deckel auf den Topf legen und die Eier 3–4 Minuten wachsweich gar ziehen lassen.

Die Eier mit einer Schaumkelle aus dem Wasser nehmen, abtropfen lassen und auf dem Bratreis anrichten.

Pro Portion: 619 kcal, 33 g Fett, 6 g gesättigte Fette, 39 g Proteine, 53 mg Calcium, 1,48 g Natrium

Reis richtig kochen

Reis kann man auf zweierlei Weise kochen: im Topf auf dem Herd oder in einem elektrischen Reiskocher. In Thailand gibt man weder Öl noch Salz an den Reis. Ergibt 1 kg gekochten Reis.

- 400 g ungekochter Jasminreis, Duftreis oder Langkornreis
- 650 ml Wasser

Im elektrischen Reiskocher

Den Reis in ein Sieb geben und unter lauwarmem Wasser abspülen, bis das Wasser klar abläuft.

Den Reis in den Topf des Reiskochers füllen und das abgemessene Wasser zugeben. Die Außenseite des Topfes abtrocknen. Den Topf in den Kocher einsetzen und kochen lassen, bis sich die Kontrolllampe abschaltet.

Weitere 10 Minuten im Topf quellen lassen, erst dann öffnen und servieren oder je nach Rezept weiterverarbeiten.

Im Kochtopf

Den Reis wie oben beschrieben abspülen. Mit dem abgemessenen Wasser in einen Topf geben.

Den Reis bei mittlerer Hitze aufkochen. Im geschlossenen Topf garen, jedoch ab und zu umrühren, damit keine Klumpen entstehen. Wenn das Wasser kocht und zu verdunsten beginnt, die Temperatur auf die niedrigste Stufe schalten und den Reis bei geschlossenem Deckel köcheln lassen.

Wenn das Wasser verdunstet und der Reis gar ist, den Herd abschalten und weitere 10 Minuten bei geschlossenem Deckel quellen lassen, erst dann öffnen und servieren oder je nach Rezept weiterverarbeiten.

Reissuppe mit Red Snapper und Korianderwurzel

Korianderwurzel hat einen intensiven Geschmack und wird in der Thai-Küche häufig verwendet. Manchmal kann man frischen Koriander samt Wurzeln kaufen. Ist er nicht zu finden, verwenden Sie die Stängel. Für 4 Portionen

- 4 große Chilischoten in verschiedenen Farben, in dünne Ringe geschnitten
- 6 Esslöffel Weißweinessig
- 3 Esslöffel Pflanzenöl
- 6 Knoblauchzehen, geschält und durchgepresst
- 1,8 Liter Gemüsebrühe
- 3 frische Korianderwurzeln, zerdrückt
- 400 g gekochter Reis
- 2 Esslöffel thailändische Fischsauce
- 2 Teelöffel Zucker
- 450 g Filet vom Red Snapper, in schmale Streifen geschnitten
- Salz, gemahlener weißer Pfeffer
- 2 Frühlingszwiebeln, geputzt und gehackt
- 1 Hand voll Korianderblätter

Die Chiliringe in einer Schüssel mit dem Essig bedecken und mindestens 30 Minuten ziehen lassen.

Öl in einer Pfanne oder einem Wok erhitzen und den Knoblauch bei niedriger Hitze unter ständigem Rühren hellbraun anbraten, in eine Schüssel geben und beiseite stellen.

Die Brühe in einem großen Topf mit den Korianderwurzeln zum Kochen bringen. Den gekochten Reis zugeben und erhitzen. Mit Fischsauce und Zucker würzen. Den Fisch zugeben und gar ziehen lassen. Mit Salz und Pfeffer abschmecken.

Die Suppe in Portionsschälchen geben. Mit etwas gebratenem Knoblauch, gehackten Frühlingszwiebeln und Korianderblättern bestreuen. Die Chiliringe in Essig getrennt dazu reichen.

Pro Portion: 338 kcal, 10 g Fett, 1 g gesättigte Fette, 28 g Proteine, 118 mg Calcium, 1,34 g Natrium

2 Salate und Vorspeisen

Würziger Fruchtsalat mit knusprigen Schalotten und Reiswaffeln

Dieses Gericht schmeckt nach Sommer. Kein Wunder, denn es stammt aus Thailand, wo es fast immer warm ist. Wenn Sie keine thailändische Fischsauce bekommen können oder sich vegetarisch ernähren, können Sie alle Gerichte auch stattdessen mit Salz würzen.

Für 2 Portionen

2 Esslöffel Pflanzenöl
2 Schalotten, geschält und in dünne Scheiben geschnitten
1 Esslöffel thailändische Fischsauce
1 Chilischote, fein gehackt
1 Knoblauchzehe, geschält und durchgepresst
1 Teelöffel Zucker
25 g Möhren, geschält und geraspelt
1 1/2 Esslöffel frisch gepresster Zitronensaft
1/2 Hand voll kernlose Trauben
1 grünschaliger Apfel, entkernt und in kleine Würfel geschnitten
1 rotschaliger Apfel, entkernt und in kleine Würfel geschnitten
1 feste, reife Papaya, geschält und in kleine Würfel geschnitten
Korianderblätter zum Garnieren
Reiswaffeln als Beilage

Das Öl in einem Wok bei mittlerer Temperatur erhitzen. Die Schalottenringe zugeben und unter ständigem Rühren knusprig braun braten. Aus dem heißen Öl nehmen und auf Küchenpapier abtropfen und abkühlen lassen.
In einer Schüssel Fischsauce, Chili, Knoblauch und Zucker verrühren, bis der Zucker gelöst ist. Möhrenraspel und Zitronensaft zugeben und unterrühren.
Die Früchte mit dem Dressing mischen, mit den gebratenen Schalotten bestreuen und nochmals mischen. Auf einer Platte anrichten, mit Korianderblättern bestreuen und zu Reiswaffeln servieren.

Pro Portion: 249 kcal, 11 g Fett, 1 g gesättigte Fette, 3 g Proteine, 56 mg Calcium, 0,59 g Natrium

Kalter Wildreissalat mit Basilikum

Normalerweise wird Reis in Thailand nicht kalt serviert, doch als Salat mag ich ihn gern. Dies ist ein ganz unkompliziertes, schnelles Rezept, das sich auch sehr gut zum Mitnehmen eignet.

Für 2 Portionen

200 g gekochter Wildreis
1 Tomate, gewürfelt
3 Esslöffel Kidneybohnen (Konserve), abgespült und abgetropft
2 Esslöffel gehackte rote Paprika
2 Esslöffel gehackte grüne Paprika
1 Esslöffel gehackte Basilikumblätter
1 Knoblauchzehe, geschält und durchgepresst
1 Teelöffel abgeriebene Limettenschale
1 Esslöffel frisch gepresster Limettensaft
2 Esslöffel frisch gepresster Orangensaft
knusprige Schalotten (siehe links)
Salz, gemahlener Pfeffer

Den Wildreis in eine Schüssel geben, alle anderen Zutaten zugeben und vorsichtig mischen. Mit Salz und Pfeffer abschmecken

Pro Portion: 260 kcal, 12 g Fett, 1 g gesättigte Fette, 7 g Proteine, 39 mg Calcium, 0,19 g Natrium

Spinat-Tomaten-Quiche

Dieses Rezept serviere ich gern, wenn Freunde zum Essen kommen. Es ist nur geringfügig aufwändiger als eine Pizza, macht aber viel mehr her.

Für 6–8 Portionen

225 g Weizenmehl plus etwas zum Bestauben
125 g sehr kalte reine Pflanzenmargarine, in kleine Würfel geschnitten
Salz
2 Eier und 2 Eigelb
450 ml Sojacreme
100 g Soja-Hartkäse (Typ Cheddar), gerieben
1 Zucchini, in dünne Scheiben geschnitten
2 Hand voll frischer Blattspinat, blanchiert, abgetropft und ausgedrückt
2 Tomaten, in dünne Scheiben geschnitten
gemahlener Pfeffer

Den Backofen auf 180 °C vorheizen.
Mehl, Margarine und 1/2 Teelöffel Salz in einer Küchenmaschine zu einer krümeligen Masse verarbeiten. 3 1/2 Esslöffel kaltes Wasser zugeben und alles zu einem festen Teig verkneten. Der Teig kann auch von Hand zubereitet werden.
Den Teig auf einer bemehlten Arbeitsfläche ausrollen und eine Tarte- oder Springform (22 cm Durchmesser) damit auslegen. Den Teig an den Seiten hochziehen, über den Rand stehenden Teig abschneiden. Den Teig mit einer Gabel mehrmals einstechen, dann zerknüllte Alufolie darauf legen.
Den Boden 15 Minuten backen. Aus dem Ofen nehmen und die Folie entfernen. Die Temperatur auf 160 °C reduzieren.
Eier, Eigelb und Sojacreme verquirlen. Den geriebenen Sojakäse und das Gemüse unterrühren und mit Salz und Pfeffer würzen.
Die Füllung auf den Teig gießen und 25–30 Minuten backen, bis die Eimasse gestockt und die Oberfläche hellbraun ist. Warm oder kalt zu einem Salat servieren.

Pro Portion (für 8): 402 kcal, 30 g Fett, 7 g gesättigte Fette, 10 g Proteine, 2 g Sojaprotein, 190 mg Calcium, 0,35 g Natrium

Knuspriges Gemüse mit Pflaumensauce

Für dieses Gericht können Sie jedes Lieblingsgemüse verwenden, das knackigen Biss besitzt. Eingesalzene Pflaumen sind als Konserve in asiatischen Lebensmittelgeschäften erhältlich. Für 4 Portionen

1 Pflaume in Salzlake, entsteint und gehackt
175 ml Weißweinessig
100 g Zucker
1 Esslöffel geraspelte Möhre
240 g Weizenmehl
1/2 Teelöffel Salz, 1/2 Teelöffel gemahlener weißer Pfeffer
Pflanzenöl zum Frittieren
65 g Mini-Maiskolben, geputzt
80 g Brokkoli-Röschen, in mundgerechte Stücke geschnitten
80 g Möhren, in Stifte von 4 cm Länge und 1 cm Dicke geschnitten
80 g Blumenkohl, geputzt und in mundgerechte Stücke geschnitten
80 g grüne Bohnen, geputzt
1 große Zwiebel, geschält und geachtelt

Die Pflaume (ohne Lake), Essig, Zucker und 125 ml Wasser in einem kleinen Topf bei niedriger Temperatur erhitzen, bis der Zucker aufgelöst ist. Die Möhrenraspel zugeben und köcheln lassen, bis die Sauce eindickt. Vom Herd nehmen und abkühlen lassen. Sie können die Sauce einige Wochen im Voraus zubereiten und abgedeckt im Kühlschrank aufbewahren. Zum Servieren sollte sie aber Zimmertemperatur haben, damit sie nicht zu fest ist.

Das Mehl in einer großen Schüssel mit 300 ml kaltem Wasser, Salz und Pfeffer zu einem glatten Teig verrühren.

In einem Wok reichlich Pflanzenöl zum Frittieren auf 180–190 °C erhitzen.

Jede Gemüsesorte einzeln in den Teig geben. Einige Stücke herausheben und abtropfen lassen.

Die von Teig bedeckten Gemüsestücke portionsweise im heißen Öl goldbraun frittieren. Mit einer Schaumkelle aus dem Öl nehmen und auf Küchenpapier abtropfen lassen. Bis das restliche Gemüse frittiert ist, im Backofen bei 60 °C warm halten. Das restliche Gemüse ebenso zubereiten. Das frittierte Gemüse zu der Pflaumensauce servieren.

Pro Portion: 581 kcal, 27 g Fett, 3 g gesättigte Fette, 9 g Proteine, 135 mg Calcium, 0,46 g Natrium

Scharfer Cashew-Salat mit frischem Ingwer

In Thailand bestellt man zum Bier in der Kneipe nicht einfach geröstete Erdnüsse, sondern gern etwas Kräftigeres. Dieses Rezept zeigt, wie man selbst aus milden Cashewkernen eine rasante Leckerei zaubern kann. Für 2 – 3 Portionen

150 g Cashewkerne
5-cm-Stück frische Ingwerwurzel, geschält und in feine Stifte geschnitten
2 Chilischoten, fein gehackt
3 Frühlingszwiebeln, geputzt und in dünne Ringe geschnitten
etwas Meersalz

Den Backofen auf 160 °C erhitzen. Die Cashewkerne 5 – 10 Minuten rösten.
Die heißen Cashewkerne mit Ingwer, Chili und Frühlingszwiebeln in eine große Schüssel geben und vermischen. Mit Salz würzen und servieren.

Pro Portion (für 3): 321 kcal, 28 g Fett, 3 g gesättigte Fette, 9 g Proteine, 20 mg Calcium, 0,21 g Natrium

Würziger Räucherlachssalat

Der duftende Salat aus Räucherlachs und frischen Kräutern ist einfach verführerisch. Die Zutaten sind überall zu bekommen und die Farbkombination sieht sehr verlockend aus.
Für 2 Portionen

2 Chilischoten, leicht zerdrückt
2 Knoblauchzehen, geschält und durchgepresst
2 Esslöffel frisch gepresster Limettensaft
1 Teelöffel Zucker
200 g Räucherlachs in Scheiben
4 Schalotten, geschält und in dünne Streifen geschnitten
2,5-cm-Stück frische Ingwerwurzel, in feine Stifte geschnitten
5 cm lange Schnittlauchröllchen zum Garnieren

Chilischoten und Knoblauchzehen im Mörser fein zerkleinern. Limettensaft und Zucker zugeben und gut verrühren.
Räucherlachs, Schalotten und Ingwer in eine große Schüssel geben, mit dem Dressing übergießen und vorsichtig mischen. Die Lachsscheiben auf einer Platte anrichten und mit Schnittlauchröllchen garnieren.

Pro Portion: 166 kcal, 4 g Fett, 1 g gesättigte Fette, 26 g Proteine, 29 mg Calcium, 1,88 g Natrium

Würzige, gegrillte Jakobsmuscheln

Dieses Rezept habe ich mir ausgedacht, weil ich die Bambusspießchen mit gegrillten Fisch-, Rind- und Schweinefleischbällchen so vermisse, die man in Thailand überall an der Straße kaufen und auf die Schnelle im Gehen essen kann. Für 4 Portionen

- 6 rote Chilischoten, entkernt
- 8 Knoblauchzehen, geschält
- 175 ml Weißweinessig
- 110 g Zucker
- 1 Teelöffel Salz
- 1 frische Korianderwurzel
- 100 ml Kokosmilch
- 1 1/2 Esslöffel Fischsauce
- 1/2 Teelöffel gemahlener Kreuzkümmel
- 1/2 Teelöffel gemahlene Koriandersamen
- 1/2 Teelöffel gemahlener weißer Pfeffer
- 500 g Jakobsmuschel-Fleisch, frisch oder tiefgefroren
- 2 rote Paprikaschoten, geputzt und in Stücke geschnitten
- frischer Koriander zum Garnieren

Für die süße Chili-Knoblauch-Sauce Chilischoten und 6 Knoblauchzehen im Mixer oder Mörser zu einer Paste verarbeiten. Den Essig in einem Topf bei niedriger Temperatur erhitzen. Zucker und Salz zugeben und unter Rühren auflösen. Die Chili-Knoblauch-Paste zugeben und unter gelegentlichem Rühren köcheln lassen, bis die Sauce eindickt. Zum Abkühlen beiseite stellen. Die Sauce hält sich im Kühlschrank bis zu 3 Monate.

Den restlichen Knoblauch und Korianderwurzel zu einer Paste verarbeiten. In einer großen Schüssel mit Kokosmilch und Fischsauce verrühren. Kreuzkümmel, Koriander und Pfeffer sorgfältig unterrühren. Die Jakobsmuscheln zugeben, mit der Marinade mischen, abdecken und 20 Minuten im Kühlschrank marinieren lassen.

8–10 Bambus- oder Holzstäbchen (20 cm lang) in kaltem Wasser einweichen. Den Grill auf hoher Temperatur vorheizen. 3–4 Muscheln abwechselnd mit Paprikastücken auf die Holzstäbchen schieben. Die Spieße 2–3 Minuten grillen, bis die Muscheln weiß sind. Nach der halben Garzeit wenden. Mit der Chili-Knoblauch-Sauce beträufeln, mit Korianderblättern garnieren und heiß servieren.

Pro Portion: 351 kcal, 11 g Fett, 8 g gesättigte Fette, 27 g Proteine, 154 mg Calcium, 0,92 g Natrium

Duftendes, gebratenes Tunfischsteak mit Zitrus-Salsa

Die Mischung aus Früchten und herzhaften Zutaten ist typisch für die Thai-Küche. Wir tunken sogar Früchte in eine würzige Zucker-Salz-Mischung. Dieses herrliche Gericht steckt voller Aroma und ist wunderbar erfrischend.

Für 4 Portionen

- 2 Knoblauchzehen, geschält und durchgepresst
- 1 Teelöffel gemahlener Koriander
- 1 Teelöffel Salz
- 2 Teelöffel frisch gepresster Limettensaft
- 4 Tunfischsteaks
- 1 kleine Orange oder Mandarine, filetiert und in kleine Stücke geschnitten
- 1/2 Grapefruit, filetiert und in kleine Stücke geschnitten
- einige frische Ananasscheiben, fein gewürfelt
- 1 Tomate, gehackt
- 2 Esslöffel gehackte Schalotten
- Saft von 1 Zitrone
- 1 Esslöffel thailändische Fischsauce
- 1 Chilischote, zerdrückt
- 1 Esslöffel Olivenöl
- 4 Stiele Koriander zum Garnieren

Für die Marinade in einer großen Schüssel Knoblauch, gemahlenen Koriander, Salz und Limettensaft verrühren. Die Tunfischsteaks einzeln zugeben und mit der Marinade bedecken. Mit Frischhaltefolie abdecken und im Kühlschrank 30 Minuten marinieren lassen.

Inzwischen die Früchte, Tomate und Schalotten mit Zitronensaft, Fischsauce und Chili verrühren und abgedeckt bis zum Servieren kalt stellen.

Eine Grillpfanne mit Olivenöl auspinseln und bei hoher Temperatur vorheizen. Die Tunfischsteaks auf beiden Seiten 2–3 Minuten garen.

Die Tunfischsteaks in dünne Scheiben schneiden, mit Korianderblättern garnieren und zur Zitrus-Salsa servieren.

Pro Portion: 261 kcal, 10 g Fett, 3 g gesättigte Fette, 37 g Proteine, 52 mg Calcium, 0,85 g Natrium

Scampi im Erdnussmantel auf Möhren-Steckrüben-Salat

Ich finde, die knackige Erdnusshülle passt wunderbar zu den zarten Scampi. Was meinen Sie? Für 4 Portionen

- 1 Teelöffel Zucker
- 1 Chilischote, zerdrückt
- 2 1/2 Esslöffel thailändische Fischsauce
- 1 1/2 Esslöffel frisch gepresster Zitronensaft
- 40 g Steckrübe, geschält und in feine Stifte geschnitten
- 40 g Möhre, geschält und in feine Stifte geschnitten
- 1 große Tomate, geachtelt
- 1 Knoblauchzehe, geschält, mit 1 Korianderwurzel zu einer Paste verarbeitet
- 1 Ei, verquirlt
- 80 g Reismehl
- 25 g Speisestärke
- 2 Kaffir-Limettenblätter, fein gehackt
- 1/2 Teelöffel gemahlener weißer Pfeffer
- Pflanzenöl zum Frittieren
- 16 mittelgroße, rohe Scampi, geschält und gesäubert
- 80 g geröstete Erdnüsse, grob gehackt
- 4 Stiele frischer Koriander

Für den Salat Zucker, Chili, 1 Esslöffel Fischsauce und Zitronensaft in einer Schüssel verrühren. Steckrüben- und Möhrenstifte und die Tomatenachtel zugeben und gründlich mit dem Dressing verrühren. Abgedeckt bis zum Servieren kalt stellen.

Die Knoblauch-Korianderwurzel-Paste mit der restlichen Fischsauce verrühren. 75 ml kaltes Wasser und das Ei unterrühren.

Reismehl, Speisestärke, Kaffir-Limettenblätter und Pfeffer in einer zweiten Schüssel vermischen. Langsam die Knoblauch-Koriander-Mischung zugeben und alles zu einem dickflüssigen Teig verrühren. Wenn der Teig zu fest wird, 1–2 Esslöffel Wasser zugeben.

Öl zum Frittieren in einem Wok auf 180 °C erhitzen. Die Scampi am Schwanz fassen und in den Teig tauchen. Danach in den gehackten Erdnüssen wälzen.

Jeweils 4–5 Scampi in das heiße Öl gleiten lassen und knusprig goldbraun frittieren. Auf einem Küchenpapier abtropfen lassen und im Backofen bei 50 °C warm halten, inzwischen die übrigen Scampi frittieren.

Den Salat auf Portionsteller verteilen, auf jeder Portion 4 Scampi anrichten und mit Korianderblättern garnieren.

Pro Portion: 438 kcal, 27 g Fett, 4 g gesättigte Fette, 21 g Proteine, 95 mg Calcium, 1,03 g Natrium

Duftender Salat mit gegrilltem Fisch

Ein leichter Salat voller Duft und Geschmack. Die Paste aus Korianderwurzel und Knoblauch gibt ihm seinen besonderen Pfiff.

Für 2 Portionen

2 Knoblauchzehen, geschält
1 frische Korianderwurzel
100 ml Kokosmilch
1 Esslöffel thailändische Fischsauce
1/2 Teelöffel gemahlener Kreuzkümmel
gemahlener schwarzer Pfeffer
400 g Seeteufelfilet, in 12 Würfel geschnitten
1/2 rote Paprika, geputzt und gewürfelt
gemischter Blattsalat
Saft von1 Limette
2 Esslöffel süße Chili-Knoblauch-Sauce (Rezept Seite 60 oder Fertigprodukt)

Knoblauchzehen und Korianderwurzel im Mörser zu einer Paste verarbeiten. Die Paste mit Kokosmilch und Fischsauce in einer großen Schüssel verrühren. Kreuzkümmel und schwarzen Pfeffer unterrühren. Die Fischwürfel zugeben, in der Marinade wenden und abgedeckt im Kühlschrank 20 Minuten durchziehen lassen.
4 Bambus- oder Holzstäbchen (ca. 20 cm lang) in kaltem Wasser einweichen.
Den Grill auf hoher Temperatur vorheizen. Auf jedes Stäbchen 3 Fischwürfel abwechselnd mit Paprikastücken schieben. 2 Minuten grillen, nach der Hälfte der Zeit wenden.
Gemischten Blattsalat mit etwas Limettensaft beträufeln. Die Spieße darauf anrichten und mit etwas Chili-Knoblauch-Sauce servieren.

Pro Portion: 169 kcal, 9 g Fett, 7 g gesättigte Fette, 18 g Proteine, 22 mg Calcium, 0,31 g Natrium

Würziger Räuchermakrelen-Dip

In meinem Restaurant verarbeiten wir die Zutaten im Mörser, weil sich dabei die Konsistenz besser steuern lässt. Im Haushalt kann dieses Rezept aber auch sehr gut mit dem Mixer zubereitet werden.

Für 3 – 4 Portionen

6 Knoblauchzehen, geschält
1 rote Zwiebel, geschält und halbiert
110 g ganze rote und grüne Chilischoten
110 g rote und grüne Paprika, geputzt und halbiert
4 Esslöffel thailändische Fischsauce
1/2 Esslöffel Zucker
4 Esslöffel frisch gepresster Zitronensaft
2 Esslöffel Wasser, abgekocht und abgekühlt
175 g geräuchertes Makrelenfilet, in kleine Stücke zerpflückt
gehackte Korianderblätter nach Geschmack
geröstetes Brot oder rohes Gemüse (z. B. Möhren, Stangensellerie, Gurke, Tomaten, Zucchini) zum Dippen

Den Backofen auf 150 °C vorheizen.
Knoblauch, rote Zwiebel, Chilischoten und Paprika auf ein Backblech legen und 45 Minuten im Ofen garen. Zwischendurch das Gemüse einmal wenden. Aus dem Ofen nehmen und etwas abkühlen lassen.
Chilischoten und Paprika häuten. Zwiebel, Paprika und Chilischoten grob hacken und mit den Knoblauchzehen in den Mixer geben. Fischsauce, Zucker, Zitronensaft, abgekochtes Wasser und den Fisch zugeben und alles zu einer groben Paste verarbeiten. Die Paste in eine Schüssel geben und den gehackten Koriander unterheben. Dazu schmeckt knuspriges Brot oder knackig-frisches Gemüse zum Dippen.

Pro Portion (für 3): 266 kcal, 19 g Fett, 5 g gesättigte Fette, 16 g Proteine, 51 mg Calcium, 1,98 g Natrium

Fischplätzchen mit Chili-Erdnuss-Sauce

Grey feather Fischpaste ist eine Spezialität, die nicht überall erhältlich ist. Stattdessen können Sie Seeteufel oder anderen Fisch mit sehr festem Fleisch verwenden.

Für 4–5 Portionen

- 1 1/2 Esslöffel Pflanzenöl plus Öl zum Frittieren
- 10 Kaffir-Limettenblätter, fein gehackt
- 4 Esslöffel thailändische rote Currypaste
- 225 ml süße Chili-Knoblauch-Sauce (Rezept Seite 60 oder Fertigprodukt)
- 25 g Gurke, fein gehackt
- 25 g Möhre, fein gehackt
- 1 1/2 Esslöffel geröstete Erdnüsse, gehackt
- 1 Esslöffel Weißweinessig
- 500 g Grey feather Fischpaste oder Seeteufelfilet
- 1 Ei
- 4 Teelöffel Zucker
- 2 Esslöffel thailändische Fischsauce
- 1 Hand voll grüne Bohnen, geputzt und fein gehackt
- 1 Hand voll Basilikumblätter, fein gehackt

1 1/2 Esslöffel Öl in einem Wok oder einer Pfanne erhitzen und die Hälfte der Kaffir-Limettenblätter mit der Currypaste unter ständigem Rühren 1 Minute anbraten. Dabei die Currypaste nicht anbrennen lassen. Beiseite stellen und abkühlen lassen.

Chili-Knoblauch-Sauce mit Möhren- und Gurkenstückchen, Erdnüssen und Essig in einer Schüssel verrühren und abgedeckt bis zum Servieren kühl stellen.

Für die Fischplätzchen Fischpaste oder -filet, die Currymischung aus dem Wok, Ei, Zucker und Fischsauce im Mixer zu einer dicken Paste verarbeiten. Den Fisch dabei nicht vollständig pürieren.

Die Fischmasse in eine große Schüssel geben und mit den Händen durchkneten. Bohnen, Basilikum und die restlichen Kaffir-Limettenblätter zugeben und gut vermengen. Mit leicht eingeölten Händen aus esslöffelgroßen Teigportionen kleine Kugeln formen und flach drücken.

Öl zum Frittieren in einem Wok auf 180 °C erhitzen.

Die Fischplätzchen portionsweise unter häufigem Wenden goldbraun frittieren. Sie sind gar, wenn sie an der Oberfläche schwimmen. Mit einer Schaumkelle aus dem heißen Öl nehmen, auf Küchenpapier abtropfen lassen und im Backofen warm halten, bis alle Plätzchen fertig sind. Mit der Chili-Erdnuss-Sauce servieren.

Pro Portion (für 4): 429 kcal, 23 g Fett, 3 g gesättigte Fette, 26 g Proteine, 64 mg Calcium, 0,24 g Natrium

Knusprige Krabben-Chips mit Gurken-Relish

Die köstlichen, zerbrechlichen Chips müssen nach dem Frittieren vorsichtig behandelt werden, weil sie leicht zerbrechen. Das erfrischende Gurken-Relish ergänzt den milden Geschmack perfekt. Für 4 Portionen

225 ml Weißweinessig
3 Esslöffel Zucker
1 Teelöffel Salz
1/2 mittelgroße Gurke, längs geviertelt, entkernt und in feine Scheiben geschnitten
4 Schalotten, geschält und in dünne Ringe geschnitten
2 rote Chilischoten, in feine Ringe geschnitten
400 g rohe Scampi, geschält und gesäubert
1 Knoblauchzehe, geschält
1/2 frische Korianderwurzel
1 Esslöffel thailändische Fischsauce
1 Prise gemahlener weißer Pfeffer
1 Ei, verquirlt
8 große Teigblätter für Frühlingsrollen (25 × 25 cm)
Pflanzenöl zum Frittieren

Zuerst das Gurken-Relish zubereiten. Essig mit 125 ml Wasser in einem kleinen Topf bei niedriger Temperatur erhitzen. Zucker und Salz zugeben und unter Rühren auflösen. Vom Herd nehmen und zum Abkühlen beiseite stellen. Wenn die Mischung kalt ist, die Gurke, Schalotten und Chiliringe einrühren.
Die Scampi im Mixer zu einer festen Masse zerkleinern. In eine Schüssel umfüllen. Knoblauch und Korianderwurzel zu einer Paste verarbeiten. Knoblauchpaste, Fischsauce, Pfeffer und das Ei zur Scampimasse geben und mit den Händen verkneten.
Die Scampimasse gleichmäßig auf 4 Teigblätter streichen. Dann jedes Teigblatt mit einem zweiten abdecken. Die Ränder fest zusammendrücken. Die Teigblätter vierteln, um 16 kleine Quadrate zu erhalten. Die Ränder noch einmal fest andrücken.
Das Öl in einem Wok oder einer großen Pfanne mit hohem Rand auf 180 °C erhitzen. Die Teigquadrate portionsweise im heißen Öl goldbraun frittieren. Mit einer Schaumkelle aus dem Öl nehmen und auf Küchenpapier abtropfen lassen. Die übrigen Chips ebenso zubereiten. Mit dem Gurken-Relish servieren.

Pro Portion: 505 kcal, 23 g Fett, 3 g gesättigte Fette, 27 g Proteine, 134 mg Calcium, 1,36 g Natrium

Caesar-Salat mit Hähnchen

Probieren Sie doch einmal meine Version des berühmten Klassikers!

Für 4 Portionen

8 Esslöffel Olivenöl
4 dicke Scheiben Brot vom Vortag, in 1 cm große Würfel geschnitten
Meersalz, gemahlener schwarzer Pfeffer
2 Hähnchenbrustfilets
4 Knoblauchzehen, geschält
2 Anchovis-Filets in Öl, abgetropft und gehackt
5 Teelöffel Dijon-Senf
1 Esslöffel Balsamico-Essig
1 Ei
1 Römersalat, geputzt und gewaschen
25 g Soja-Hartkäse (Typ Parmesan), gehobelt

Den Backofen auf 220 °C vorheizen.
2 Esslöffel Öl in eine Schüssel geben und die Brotwürfel darin wenden. Die Brotwürfel auf ein Backblech geben und 6 Minuten goldbraun und knusprig backen. Beiseite stellen.
Die Backofentemperatur auf 180 °C reduzieren. 1 Esslöffel Olivenöl mit Salz und Pfeffer verrühren, das Fleisch damit einreiben und im Ofen 20 Minuten garen. In Scheiben schneiden und warm stellen.
Für das Dressing das restliche Olivenöl in einem kleinen Topf erhitzen. Knoblauch und Anchovis bei niedriger Temperatur 5 Minuten weich und goldbraun braten. Beiseite stellen und abkühlen lassen, dann das Öl in ein anderes Gefäß abgießen und beiseite stellen.
Knoblauch und Anchovis zu einer Paste verarbeiten. Senf und Essig einrühren. Das abgegossene Öl unter ständigem Rühren in dünnem Strahl zulaufen lassen, bis die Sauce bindet.
Das Ei in siedendem Wasser 5 Minuten wachsweich kochen, abgießen und sofort abschrecken. Das Ei pellen, nur das Eigelb zum Dressing geben und gut unterrühren.
Den Salat in mundgerechte Stücke zupfen, mit Croûtons und Sojakäse in eine Schüssel geben. Mit dem Dressing übergießen und gut mischen. Die Hähnchenstücke darauf anrichten und sofort servieren.

Pro Portion: 455 kcal, 28 g Fett, 5 g gesättigte Fette, 27 g Proteine, 1 g Sojaprotein, 151 mg Calcium, 0,68 g Natrium

Salat mit gegrilltem Rindfleisch

Dies ist ein Thai-Klassiker, für den das Rindfleisch einmal nicht geschmort oder im Wok gebraten wird. Er ist sättigend, schadet aber der Figur nicht, wenn man mageres Fleisch verwendet.

Für 2 Portionen

Pflanzenöl zum Fetten
400 g Rumpsteak im Stück
2 Chilischoten, grob gehackt
2 Knoblauchzehen, geschält und grob gehackt
3 Esslöffel thailändische Fischsauce
4 1/2 Esslöffel frisch gepresster Zitronensaft
1/2 Esslöffel Zucker
80 g Gurke, längs halbiert und in dünne Scheiben geschnitten
2 Tomaten, in Achtel geschnitten
1/2 Zwiebel, geschält und in dünne Ringe geschnitten
2 Frühlingszwiebeln, geputzt und gehackt
1/2 Hand voll frische Korianderblätter zum Garnieren

Den Grill auf mittlerer Temperatur vorheizen, den Grillrost leicht einfetten. Das Fleisch darauf legen und von jeder Seite 4–5 Minuten grillen (medium). Zum Abkühlen beiseite stellen.

Chilischoten und Knoblauch mit dem Mörser zu einer Paste verarbeiten. In einer großen Schüssel mit Fischsauce, Zitronensaft und Zucker verrühren.

Das Fleisch in dünne Scheiben schneiden. Mit Gurke, Tomaten, Zwiebel und Frühlingszwiebeln zum Dressing geben und alles gut vermischen. In Portionsschälchen füllen und mit Korianderblättern garnieren.

Pro Portion: 375 kcal, 16 g Fett, 7 g gesättigte Fette, 47 g Proteine, 54 mg Calcium, 1,83 g Natrium

Würziger Gurkensalat mit Kochschinken

Der Salat ist ganz einfach zuzubereiten, und die meisten Zutaten sind in jedem Haushalt vorhanden. Nicht einmal Öl wird benötigt. Allerdings sollten Sie beim Einkauf auf die Qualität des Schinkens achten. Für 2 Portionen

2 Knoblauchzehen, geschält und durchgepresst
2 Chilischoten, leicht zerdrückt
1/2 Esslöffel Zucker
4 Esslöffel thailändische Fischsauce
6 Esslöffel frisch gepresster Zitronensaft
200 g Kochschinken in Scheiben, in schmale Streifen geschnitten
1 große Gurke, längs halbiert, Kerne ausgeschabt
1/2 Zwiebel, geschält und in Ringe geschnitten
Korianderblätter zum Garnieren

Für das Dressing Knoblauch und Chilischoten im Mörser zerstoßen. Zucker, Fischsauce und Zitronensaft zugeben, gut verrühren und beiseite stellen.

Die Schinkenstreifen in eine große Schüssel geben. Die Gurke in dünne Scheiben schneiden oder hobeln und mit den Zwiebelringen zum Schinken geben. Mit dem Dressing übergießen, gut durchmischen und kurz ziehen lassen. In eine Servierschüssel füllen und mit Korianderblättern garnieren.

Pro Portion: 209 kcal, 5 g Fett, 2 g gesättigte Fette, 28 g Proteine, 76 mg Calcium, 3,37 g Natrium

Möhren-Kohl-Salat mit knusprig gerösteter Ente

Im letzten heißen Sommer erweiterte ich die Speisekarte meines Restaurants in Chelsea um einige spezielle Gerichte für Sommertage. Dies ist eins davon.

Für 2 Portionen

- 225 g gegrillte Entenbrust, die Haut entfernt und in dünne Scheiben geschnitten
- Weizenmehl zum Bestauben
- Pflanzenöl zum Frittieren
- 250 g Weißkohl, in dünne Streifen geschnitten
- 80 g Möhren, geschält und in feine Stifte geschnitten
- 2 Knoblauchzehen, geschält und durchgepresst
- 2 Chilischoten, leicht zerdrückt
- 1/2 Esslöffel Zucker
- 4 Esslöffel thailändische Fischsauce
- 6 Esslöffel frisch gepresster Zitronensaft
- frische Korianderblätter zum Garnieren

Die Entenbrustscheiben mit etwas Wasser anfeuchten, in Mehl wenden und das überschüssige Mehl abschütteln.

In einem Wok reichlich Öl zum Frittieren auf 180 °C erhitzen. Das Entenfleisch zugeben und 1–2 Minuten knusprig goldbraun frittieren. Mit einer Schaumkelle aus dem Öl nehmen und auf Küchenpapier abtropfen lassen.

Kohl und Möhren in eine Schüssel geben. Knoblauch, Chilischoten, Zucker, Fischsauce und Zitronensaft zugeben und gut vermischen.

Den Salat in eine Servierschüssel füllen, das Entenfleisch darauf anrichten und mit Korianderblättern bestreut servieren.

Pro Portion: 557 kcal, 36 g Fett, 6 g gesättigte Fett, 33 g Proteine, 33 mg Calcium, 2,43 g Natrium

Duftendes Schweinehackfleisch auf Zitronengrasspießen

Schweinefleisch ist preiswert und kann, wenn es richtig zubereitet ist, sehr schmackhaft sein. Zitronengras und Kaffir-Limettenblätter sorgen für den wunderbar frischen Duft. Für 4 Portionen

- 400 g Schweinehackfleisch
- 2 Esslöffel Kokoscreme
- 2 Teelöffel thailändische rote Currypaste
- 1 Eigelb
- 2 Teelöffel gehackte Kaffir-Limettenblätter
- 12 Stiele Zitronengras
- 1/2 Hand voll frische Basilikumblätter zum Garnieren
- Zitronen- und Limettenschnitze zum Garnieren
- süße Chili-Knoblauch-Sauce (Rezept Seite 60 oder Fertigprodukt)

In einer Schüssel Hackfleisch, Kokoscreme, rote Currypaste, Eigelb und Kaffir-Limettenblätter vermengen. Gleichmäßige Portionen der Masse vorsichtig um die Zitronengrasstiele legen und fest andrücken.

Die Zitronengrasstiele mit dem Hackteig unter dem Elektrogrill oder auf dem Holzkohlegrill 10–15 Minuten garen, gelegentlich wenden.

Mit frischen Basilikumblättern, Zitronen- und Limettenschnitzen garnieren und mit Chili-Knoblauch-Sauce servieren.

Pro Portion: 218 kcal, 15 g Fett, 6 g gesättigte Fette, 21 g Proteine, 29 mg Calcium, 0,1 g Natrium

3

Suppen, Snacks & Co.

Möhren-Süßkartoffel-Suppe *Die Suppe hat eine herrliche Farbe und eine unwiderstehliche Konsistenz. Aber warten Sie, bis Sie sie erst probiert haben – ein Genuss!*

Für 2 Portionen

10 g reine Pflanzenmargarine oder 1 Esslöffel kalt gepresstes Olivenöl
1/2 Zwiebel, geschält und gehackt
2 große Möhren, geschält und gehackt
1 mittelgroße Süßkartoffel, geschält und gehackt
600 ml Gemüsebrühe
50 ml Sojacreme
Salz, gemahlener Pfeffer
1 Esslöffel gehackte Korianderblätter

Margarine oder Olivenöl bei mittlerer Temperatur in einem Topf erhitzen. Zwiebel, Möhren und Süßkartoffel unter gelegentlichem Rühren 4 Minuten andünsten.
Die Gemüsebrühe zugießen, aufkochen und 25 Minuten köcheln lassen, bis die Möhren und Süßkartoffeln weich sind. Leicht abkühlen lassen.
Die Suppe im Mixer glatt pürieren. Wieder in den Topf geben, die Sojacreme einrühren und die Suppe erwärmen. Mit Salz und gemahlenem Pfeffer abschmecken. In Suppenschalen füllen und mit Korianderblättchen bestreut servieren.

Pro Portion: 198 kcal, 9 g Fett, 2 g gesättigte Fette, 4 g Proteine, 2 g Sojaprotein, 120 mg Calcium, 0,59 g Natrium

Grüne Erbsensuppe *Diese Suppe ist wunderbar cremig und sieht noch schöner aus, wenn man sie mit einigen ganzen Erbsen dekoriert. Der Speck kann recht salzig sein, darum wird die Suppe nur schwach gesalzen.* Für 2 Portionen

10 g reine Pflanzenmargarine
1/2 weiße Zwiebel, geschält und gehackt
500 ml Gemüsebrühe
500 g grüne Erbsen, frisch oder tiefgefroren
50 ml Sojamilch
Salz, gemahlener weißer Pfeffer
1 Esslöffel gehackte Petersilie
2 Esslöffel Sojacreme
3 Scheiben durchwachsener Speck, in Streifen geschnitten und knusprig gebraten

Die Margarine in einem großen Topf schmelzen. Die Zwiebel goldbraun andünsten, dann die Brühe zugießen und aufkochen. Die Erbsen zugeben und einige Minuten köcheln lassen. Vom Herd nehmen.
Die Sojamilch zugeben und die Suppe im Mixer glatt pürieren.
Wieder in den Topf geben und erwärmen. Mit wenig Salz und Pfeffer würzen und die Petersilie unterrühren. In Portionsschälchen füllen und jede Portion mit einem Klecks Sojacreme und knusprigen Speckstreifen garnieren.

Pro Portion: 342 kcal, 13 g Fett, 4 g gesättigte Fette, 28 g Proteine, 1 g Sojaprotein, 105 mg Calcium, 1,08 g Natrium

Drei-Kostbarkeiten-Nudelsuppe mit Brokkoli und Bohnensprossen

Ihrem Namen wird diese Suppe durch die vielfältigen Zutaten ganz sicher gerecht. Außerdem ist sie gesund und leicht zuzubereiten. Wer sie einmal probiert hat, wird begeistert sein. Für 2 Portionen

150 g weiße Reisnudeln, 1 Stunde in kaltem Wasser eingeweicht und abgetropft
125 g frische Soja- oder Mungobohnensprossen
850 ml Gemüsebrühe
2 Knoblauchzehen, geschält und durchgepresst
2 frische Korianderwurzeln, leicht zerdrückt
80 g Brokkoli-Röschen, in mundgerechte Stücke geschnitten
4 Esslöffel thailändische Fischsauce
2 Esslöffel Zucker
2 Esslöffel Weißweinessig
2 Esslöffel Erdnüsse, gehackt
1 rote Chilischote, in dünne Ringe geschnitten
3 Esslöffel frisch gepresster Zitronensaft
Chilipulver nach Belieben
frische Korianderblätter zum Garnieren

In einem Topf bei hoher Temperatur Wasser zum Kochen bringen. Die Nudeln hineingeben und 1 Minute kochen. Die Sprossen zugeben, einmal aufkochen und abgießen. Nudeln und Sprossen in Portionsschälchen verteilen und bis zum Servieren warm stellen.

Die Brühe im gleichen Topf aufkochen. Knoblauch, Korianderwurzeln und Brokkoli zugeben und bei niedriger Temperatur 2 Minuten köcheln lassen, bis Knoblauch und Korianderwurzel zu duften beginnen. Fischsauce, Zucker, Essig, Erdnüsse und Chiliringe zugeben.

Die Brühe mit Zitronensaft und eventuell Chilipulver würzen, über die Nudeln und Sprossen in den Portionsschälchen gießen und mit Korianderblättern garnieren.

Pro Portion: 465 kcal, 8 g Fett, 1 g gesättigte Fette, 18 g Proteine, 3 g Sojaprotein, 137 mg Calcium, 2,88 g Natrium

Kürbissuppe mit Basilikum

Kürbis ist eine beliebte Zutat der thailändischen Küche. Er spielt auch in dieser gesunden, leckeren Suppe eine Hauptrolle. Je nach Sorte können Kürbisse unterschiedlich hart sein, darum muss die Garzeit entsprechend angepasst werden. Für 2 Portionen

400 g Kürbisfleisch (geputzt gewogen), gewürfelt
2 Kartoffeln, geschält und gewürfelt
Salz, gemahlener schwarzer Pfeffer
65 ml kalt gepresstes Olivenöl
1 Knoblauchzehe, geschält und in dünne Scheiben geschnitten
2 Schalotten, geschält und fein gehackt
6 frische Basilikumblätter, gehackt

In einem großen Topf 1 Liter Wasser aufkochen. Kürbis- und Kartoffelstücke zugeben und bei niedriger Temperatur in etwa 20 Minuten weich kochen.

Kürbis und Kartoffeln mit einem Kartoffelstampfer zerdrücken, um die Suppe zu binden. Weiter leicht köcheln lassen, salzen und pfeffern.

Inzwischen das Öl in einer Pfanne erhitzen. Knoblauch und Schalotten zugeben und unter ständigem Rühren goldbraun braten. Knoblauch und Schalotten mit dem Öl zur Suppe geben und gut unterrühren. Mit Basilikum bestreut servieren.

Pro Portion: 390 kcal, 30 g Fett, 4 g gesättigte Fette, 4 g Proteine, 71 mg Calcium, 0,1 g Natrium

Omelette-Streifen in milder Brühe

In Thailand nennt man dieses Gericht »Arme-Leute-Suppe«. Wenn allerdings arme Leute so lecker essen, würde ich durchaus eine Weile mit ihnen tauschen wollen. Ein mildes und doch sehr aromatisches Gericht, einfach köstlich! Für 2 Portionen

- 2 Esslöffel reines Pflanzenöl
- 1 Ei, verquirlt
- 2 Knoblauchzehen, geschält und fein durchgepresst
- 600 ml Gemüsebrühe oder Wasser
- 1 frische Korianderwurzel, leicht zerdrückt
- 175 g Gurke, halbiert, entkernt und grob gehackt
- 40 g Zwiebel, geschält und grob gehackt
- 2 Esslöffel thailändische Fischsauce
- 1 1/2 Teelöffel Zucker
- 2 Frühlingszwiebeln, geputzt und in 2,5 cm lange Stücke geschnitten
- 2 Esslöffel Korianderblätter
- 1 Prise gemahlener schwarzer Pfeffer

Für das Omelette 1 Esslöffel Öl in einer Pfanne bei mittlerer Temperatur erhitzen und durch Schwenken der Pfanne auf dem Boden verteilen. Das verquirlte Ei eingießen und ebenfalls durch Schwenken dünn verteilen. Wenn das Ei gestockt ist, aus der Pfanne gleiten lassen, fest aufrollen und in schmale Streifen schneiden.

Für den knusprigen Knoblauch das restliche Öl in einer Pfanne erhitzen und den Knoblauch bei niedriger Temperatur goldbraun braten. Auf einem Küchenpapier abtropfen lassen und beiseite stellen.

Brühe oder Wasser in einem Topf aufkochen. Die Korianderwurzel zugeben, die Temperatur reduzieren und 10 Minuten leicht köcheln lassen. Auf mittlere Temperatur schalten, Gurke und gehackte Zwiebel zugeben. Mit Fischsauce und Zucker würzen, gut umrühren und weitere 3 Minuten köcheln lassen. Frühlingszwiebeln zugeben und die Suppe in eine Servierschüssel füllen.

Die Suppe mit den Omelette-Streifen, dem gebratenen Knoblauch und Korianderblättern garnieren und mit etwas Pfeffer bestreuen.

Pro Portion: 88 kcal, 7 g Fett, 1 g gesättigte Fette, 3 g Proteine, 37 mg Calcium, 0,32 g Natrium

Muscheltopf

In Thailand bekommt man Venusmuscheln während der Saison überall, darum war mir gar nicht klar, wie schwierig es ist, sie in Dosen einzukaufen. Sie können auch andere Muscheln verwenden. Für 2 Portionen

1/2 Esslöffel Pflanzenöl
1/2 Zwiebel, geschält und gehackt
1/2 Stange Lauch, gewaschen, geputzt und gehackt
2 mittelgroße Kartoffeln, geschält und gewürfelt
150 ml Gemüsebrühe
1 Teelöffel Speisestärke
150 g Venusmuscheln in Lake, abgetropft
200 ml Sojamilch
Salz, gemahlener schwarzer Pfeffer
2 Stiele Koriander

Das Öl in einem großen Topf erhitzen. Zwiebel und Lauch einige Minuten weich dünsten. Die Kartoffeln zugeben und 3 Minuten unter ständigem Rühren mitdünsten. Die Brühe zugießen und etwa 20 Minuten köcheln lassen, bis die Kartoffeln gar sind.
Die Speisestärke mit etwas kaltem Wasser glatt rühren und in die Suppe rühren, einmal aufkochen. Muscheln und Sojamilch zugeben und die Suppe nochmals erwärmen. Mit Salz und Pfeffer würzen, in Portionsschälchen füllen und mit einigen Korianderblättern garnieren.

Pro Portion: 258 kcal, 6 g Fett, 1 g gesättigte Fette, 24 g Proteine, 3 g Sojaprotein, 127 mg Calcium, 1,54 g Natrium

Kichererbsensuppe mit Nudeln

Kichererbsen verwende ich selten, weil man sie über Nacht einweichen muss. Aber das ist natürlich auch nur eine Frage der Planung. Sie können auch Kichererbsen aus der Konserve verwenden. Für 2 Portionen

125 g getrocknete Kichererbsen, über Nacht eingeweicht und abgetropft
2 Esslöffel gehackter frischer Rosmarin
3 Knoblauchzehen, geschält und gehackt
3 Esslöffel kalt gepresstes Olivenöl
Salz
150 g kurze dicke Röhrennudeln (Penne)
gemahlener Pfeffer

Kichererbsen, Rosmarin, Knoblauch, die Hälfte des Olivenöls und 600 ml Wasser in einem Topf aufkochen. Die Temperatur reduzieren und 1 1/2 Stunden köcheln lassen, bis die Kichererbsen weich sind.
Die Kichererbsen mit dem Kochwasser im Mixer glatt pürieren, wieder in den Topf geben und warm halten.
Inzwischen in einem großen Topf reichlich Salzwasser aufkochen. Die Nudeln zugeben und bissfest garen. Abgießen und die Nudeln in die heiße Kichererbsensuppe geben.
Mit Pfeffer und Salz abschmecken und mit dem restlichen Olivenöl beträufeln.

Pro Portion: 622 kcal, 22 g Fett, 4 g gesättigte Fette, 23 g Proteine, 140 mg Calcium, 0,13 g Natrium

Bananen-Kräuter-Suppe mit Huhn

Für dieses Rezept werden Kochbananen verwendet. Sie sehen oft etwas unansehnlich aus, haben aber unter der Schale ein feines, zart-rosa Fleisch, das gekocht wunderbar schmeckt.

Für 2 Portionen

2 frische Korianderwurzeln, leicht zerdrückt
4 Kaffir-Limettenblätter, in Stücke gezupft
2 Stiele Zitronengras, leicht zerdrückt
2-cm-Stück Galgantwurzel, in hauchdünne Scheiben geschnitten
4 1/2 Esslöffel thailändische Fischsauce
2 Teelöffel Zucker
310 g Hähnchenbrustfilet, in dünne Scheiben geschnitten
1 große Kochbanane, in 1/2 cm dicke Scheiben geschnitten
4 Flaschentomaten, geviertelt
1 Zwiebel, geschält und geviertelt
2 große, getrocknete Chilischoten, in heißem Öl 1 Minute frittiert, abgetropft und je in 4 Stücke geschnitten
4 Esslöffel frisch gepresster Zitronensaft
frische Korianderblätter zum Garnieren

In einem Topf 700 ml Wasser aufkochen. Korianderwurzeln, Kaffir-Limettenblätter, Zitronengras und Galgant zugeben und 10 Minuten bei kleiner Hitze köcheln lassen, bis die Gewürze zu duften beginnen.

Fischsauce und Zucker einrühren, dann Hähnchenfleisch, Kochbananenscheiben, Tomaten und Zwiebel zugeben und die Suppe etwa 5 Minuten köcheln lassen, bis das Fleisch gar ist. Chilistücke und Zitronensaft einrühren, die Suppe in Portionsschälchen füllen und mit Korianderblättern garnieren.

Pro Portion: 394 kcal, 4 g Fett, 1 g gesättigte Fette, 45 g Proteine, 82 mg Calcium, 2,72 g Natrium

Hühnersuppe mit Strohpilzen und geröstetem Sesam

Ein unkompliziertes Rezept für eine leichte, bekömmliche Suppe. Wer es etwas nahrhafter mag, gibt einfach gekochten Reis oder gegarte Eiernudeln dazu.

Für 2 Portionen

850 ml Hühnerbrühe
2 Esslöffel helle Sojasauce
1 Teelöffel schwarze Pfefferkörner
10-cm-Stück Ingwer, leicht zerdrückt
150 g Hähnchenbrustfilet, in dünne Scheiben geschnitten
6 braune Champignons, gewaschen und geputzt
6 getrocknete Strohpilze, in warmem Wasser eingeweicht, abgetropft und in Streifen geschnitten
Salz
1 Frühlingszwiebel, geputzt und in Ringe geschnitten
1 Teelöffel Sesamsamen, in einer beschichteten Pfanne ohne Fett goldbraun geröstet
2 Esslöffel Korianderblätter

Die Brühe in einem großen Topf aufkochen. Sojasauce, Pfefferkörner und Ingwer zugeben. Im geschlossenen Topf 5 Minuten köcheln lassen.

Das Fleisch zugeben und 5 Minuten bei milder Hitze köcheln lassen. Nach 2 Minuten die Pilze zugeben.

Den Ingwer entfernen, die Suppe mit etwas Salz abschmecken. Die Suppe in Portionsschälchen füllen. Mit den Frühlingszwiebelringen, gerösteten Sesamsamen und den Korianderblättern bestreuen.

Pro Portion: 146 kcal, 3 g Fett, 1 g gesättigte Fette, 23 g Proteine, 111 mg Calcium, 1,76 g Natrium

Spargel-Soufflé

Durch den grünen Spargel bekommt dieses Gericht eine herrliche Farbe. Etwas gehaltvoller wird es, wenn Sie 65 g Krebsfleisch (Konserve) an die Soufflé-Masse geben.

Für 2 Portionen

- 12 Spargelstangen, das untere Drittel geschält
- Salz
- 200 ml Sojamilch
- 1/2 Zwiebel, geschält und in feine Ringe geschnitten
- 20 g Frühlingszwiebeln, geputzt und fein gehackt
- 1/2 rote Paprika, geputzt und in Streifen geschnitten
- 25 g reine Pflanzenmargarine plus etwas zum Fetten
- weißer Pfeffer
- 2 Esslöffel Weizenmehl
- 4 Eier, getrennt
- 1 Eiweiß

4 Spargelstangen in je 3 Stücke schneiden und beiseite stellen. Den restlichen Spargel in Stücke schneiden und in Salzwasser etwa 5 Minuten weich kochen. Abgießen, abkühlen lassen, dann im Mixer fein pürieren und durch ein feines Sieb streichen.

Die Sojamilch mit Zwiebeln, Frühlingszwiebeln, Paprika und Spargelstücken in einen Topf geben. Langsam zum Kochen bringen, dann vom Herd nehmen und 30 Minuten durchziehen lassen. Abgießen, den Sojamilch-Kochsud und das Gemüse getrennt beiseite stellen.

Den Backofen auf 180 °C vorheizen, die Form fetten.

Die Margarine in einem Topf schmelzen. Das Mehl zugeben und 1 Minute unter ständigem Rühren anschwitzen. Vom Herd nehmen und den Sojasud einrühren. Unter ständigem Rühren aufkochen, bis die Sauce eindickt. Mit Salz und Pfeffer würzen. Den Spargel einrühren und zum Abkühlen beiseite stellen. Das Eigelb einzeln unter die Sauce rühren. Das Eiweiß zu Eischnee schlagen. Einen gehäuften Esslöffel Eischnee unter die Sauce heben. Dann die Sauce zum restlichen Eischnee gießen und vorsichtig unterheben. Die Masse in die vorbereitete Soufflé-Form füllen, glatt streichen und mit dem gekochten Gemüse bestreuen. Die Soufflé-Form auf ein Backblech stellen und 30 Minuten backen, bis das Soufflé goldbraun ist. Den Backofen zwischendurch nicht öffnen, sonst fällt das Soufflé in sich zusammen.

Pro Portion: 431 kcal, 28 g Fett, 6 g gesättigte Fette, 26 g Proteine, 3 g Sojaprotein, 160 mg Calcium, 0,45 g Natrium

Pad Thai mit Kokosmilch

Pad Thai ist ein beliebtes Bratnudelgericht. Normalerweise wird es nicht mit Kokosmilch zubereitet, doch der Versuch lohnt sich, weil es dadurch eine besondere Geschmacksnote bekommt. Wer die traditionelle Version bevorzugt, lässt die Kokosmilch einfach weg. Für 2 Portionen

- 1 Esslöffel Pflanzenöl
- 6 rohe Scampi, geschält und gesäubert
- 25 g Nordsee- oder Eismeerkrabben
- 1 Ei
- 100 g Reisnudeln, 1 Stunde in kaltem Wasser eingeweicht und gut abgetropft
- 1 1/2 Esslöffel thailändische Fischsauce
- 1 1/2 Esslöffel Weißweinessig
- 4 Esslöffel Kokosmilch
- 2 Frühlingszwiebeln, geputzt und in 2,5 cm lange Stücke geschnitten
- 1 1/2 Esslöffel Zucker
- 1 Möhre, geschält und in feine Stifte geschnitten
- 80 g Soja- oder Mungobohnensprossen
- 1 1/2 Esslöffel geröstete Erdnüsse, gehackt
- 1 Esslöffel eingelegte Rüben (Hoa Chai-Pho), zerdrückt (nach Belieben)
- Korianderblätter zum Garnieren
- Chilipulver nach Geschmack
- 2 Limettenschnitze zum Servieren

Einen Wok bei hoher Temperatur vorheizen. Das Öl hineingeben und auf mittlere Temperatur schalten. Die Scampi 30 Sekunden anbraten. Die Krabben zugeben, das Ei darüber schlagen und unter ständigem Rühren braten, bis das Ei gestockt ist.

Die Nudeln zugeben und verrühren. Mit Fischsauce und Essig würzen, dabei ständig rühren, aber die Nudeln nicht zerbrechen. Die Kokosmilch zugeben und vorsichtig unter die Nudeln heben.

Die Frühlingszwiebeln, den Zucker und den Großteil von Möhre, Bohnensprossen, Erdnüssen und Rüben zugeben. Vorsichtig unterheben und erhitzen.

Die Nudeln auf Portionsteller geben und mit den restlichen Möhrenstiften, Bohnensprossen, Erdnüssen, Rüben und den Korianderblättern garnieren. Mit Chilipulver nach Geschmack bestreuen und mit einem Limettenschnitz servieren.

Pro Portion: 477 kcal, 19 g Fett, 7 g gesättigte Fette, 21 g Proteine, 2 g Sojaprotein, 135 mg Calcium, 1,51 g Natrium

Ananasreis mit Pinienkernen *Das würzige Reisgericht wirkt so asiatisch, dabei sind Pinienkerne und Rosinen eher westliche Zutaten.* Für 2 Portionen

- 1 große Ananas
- 1 Esslöffel Pinienkerne
- 2 Esslöffel Pflanzenöl
- 1 Esslöffel grüne Erbsen, frisch oder tiefgefroren
- 2 Esslöffel gewürfelte Möhren
- 1 Esslöffel Rosinen
- 2 Eier
- 400 g gegarter Reis (siehe Seite 49)
- Salz
- 1 1/2 Esslöffel helle Sojasauce
- Chiliringe zum Garnieren
- gemahlener weißer Pfeffer

Den Backofen auf 150 °C vorheizen.
Die Ananas längs halbieren, das Fleisch herausschaben. Die ausgehöhlten Ananashälften beiseite legen. Eine Hälfte des Fruchtfleisches würfeln, den Rest der Ananas anderweitig verwenden, z. B. für ein erfrischendes Dessert.
Die Pinienkerne in einer beschichteten Pfanne ohne Fett rösten, aus der Pfanne nehmen und beiseite stellen.
In die gleiche Pfanne Öl geben und erhitzen. Ananas, Erbsen, Möhren, Pinienkerne und Rosinen unter ständigem Rühren anbraten. Die Eier darüber schlagen und unter ständigem Rühren braten, bis sie gestockt sind.
Den Reis zugeben und untermengen. Mit Salz und heller Sojasauce würzen, vom Herd nehmen. Die Reismischung in die ausgehöhlten Ananasschalen füllen, mit Alufolie abdecken und 10–15 Minuten backen. Aus dem Ofen nehmen, mit Chiliringen garnieren und mit weißem Pfeffer bestreuen.

Pro Portion: 606 kcal, 24 g Fett, 4 g gesättigte Fette,
15 g Proteine, 1 g Sojaprotein, 91 mg Calcium, 1 g Natrium

Würzige Reissuppe mit Scampi und knusprigem Knoblauch

Viele Thailänder essen diese Suppe zum Frühstück, wenn sie die Ferien in ihren Sommerhäusern am Meer verbringen. Normalerweise kocht man sie mit Schweinehackfleisch, sie schmeckt aber auch mit Scampi ausgezeichnet. Für 2 Portionen

- 850 ml Hühnerbrühe
- 2 frische Korianderwurzeln, leicht zerdrückt
- 200 g gekochter Reis
- 225 g Scampi, geschält und gesäubert
- 1 Teelöffel Zucker
- 2 Esslöffel thailändische Fischsauce
- 1/2 Teelöffel gemahlener weißer Pfeffer
- 2 Eier
- 5-cm-Stück frische Ingwerwurzel, geschält und in feine Stifte geschnitten
- knuspriger Knoblauch (siehe Seite 75)
- 1 Frühlingszwiebel, geputzt und gehackt
- Korianderblätter zum Garnieren

Die Hühnerbrühe mit den zerdrückten Korianderwurzeln in einem Topf aufkochen. Die Korianderwurzeln entfernen, dann den gegarten Reis dazugeben. Vom Herd nehmen und leicht abkühlen lassen.

Die Suppe im Mixer grob pürieren, sodass sie gebunden wird. Wieder in den Topf geben und aufkochen. Die Scampi zugeben, mit Zucker, Fischsauce und Pfeffer würzen. Bei hoher Temperatur etwa 2 Minuten kochen. Wenn die Suppe zu dickflüssig ist, kann etwas mehr Wasser zugegeben werden. Dann sollte sie auch nachgewürzt werden.

Die Suppe in Portionsschälchen gießen. In jede Portion 1 Ei schlagen und verrühren, sodass das Ei in der heißen Suppe stockt. Mit Ingwerstiften, knusprigem Knoblauch, Frühlingszwiebel und Korianderblättern bestreut servieren.

Pro Portion: 391 kcal, 14 g Fett, 3 g gesättigte Fette, 34 g Proteine, 201 mg Calcium, 2 g Natrium

Meeresfrüchte-Kasserolle mit Glasnudeln

Sie können dieses Gericht auch in einem Kochtopf zubereiten. Achten Sie darauf, dass die Brühe nur ganz sanft kocht, damit die zarten Meeresfrüchte nicht hart werden.

Für 2 Portionen

- 150 g Glasnudeln, 10 Minuten in Wasser eingeweicht und abgetropft
- 6 getrocknete Strohpilze, in warmem Wasser eingeweicht und in schmale Streifen geschnitten
- 2 frische Korianderwurzeln, leicht zerdrückt
- 2 Knoblauchzehen, geschält und leicht durchgepresst
- 2,5-cm-Stück frische Ingwerwurzel, geschält und in feine Stifte geschnitten
- 1 Esslöffel helle Sojasauce
- 1 Esslöffel fermentierte Sojabohnen
- 2 Esslöffel Sesamöl
- 300 ml Hühnerbrühe
- Fleisch von 6 Krebsscheren
- 6 mittelgroße, rohe Scampi, geschält und gesäubert
- 1 Frühlingszwiebel, geputzt und gehackt
- 1/2 Teelöffel gemahlener weißer Pfeffer
- 2 Esslöffel Korianderblätter, gehackt
- süße Knoblauch-Chili-Sauce (Rezept Seite 60 oder Fertigprodukt)

In einer Schüssel die Nudeln mit Pilzen, Korianderwurzeln, Knoblauch, Ingwer, Sojasauce, fermentierten Sojabohnen und Sesamöl vermischen.

Die Hühnerbrühe in eine Schüssel geben. Krebsscheren, Scampi und gewürzte Glasnudeln darauf geben, den Deckel auflegen und in einem vorgeheizten Dämpfer 10 Minuten garen.

Den Deckel öffnen und die Zutaten mit einer Zange vermischen. Die Scampi und Krebsscheren an die Oberfläche holen, mit Frühlingszwiebel und Pfeffer bestreuen. Den Deckel wieder aufsetzen und weitere 2–3 Minuten dämpfen.

Vor dem Servieren mit Korianderblättern bestreuen. Dazu passt thailändische Knoblauch-Chili-Sauce.

Pro Portion: 501 kcal, 16 g Fett, 2 g gesättigte Fette, 27 g Proteine, 2 g Sojaprotein, 84 mg Calcium, 1,7 g Natrium

Reis mit geräuchertem Heilbutt und Thymian

Das erste Mal bereitete ich dieses Rezept zu, um jemanden zu beeindrucken. Es funktionierte! Verwöhnen Sie sich und Ihre Gäste doch auch einmal damit!

Für 2 Portionen

- 1 Esslöffel Olivenöl
- 165 g Reis, 30 Minuten in Wasser eingeweicht und abgetropft
- 100 g geräucherter Heilbutt, in mundgerechte Stücke geschnitten
- 65 g Weißkohl, in Streifen geschnitten
- Blätter von 1 Stiel Thymian
- Salz, gemahlener Pfeffer

Olivenöl, Reis und Heilbuttstücke in einem Topf vorsichtig mischen. Die Kohlstreifen und Thymianblättchen darauf verteilen, dann 450 ml Wasser zugießen.

Den Deckel auflegen und alles zum Kochen bringen. Die Temperatur reduzieren und 15–20 Minuten köcheln lassen, bis der Reis die Flüssigkeit aufgenommen hat. Mit Salz und Pfeffer würzen. Den Deckel wieder auflegen, 15 Sekunden bei hoher Temperatur erhitzen.

Vom Herd nehmen und den Reis im geschlossenen Topf 5–7 Minuten nachquellen lassen. Dann kann serviert werden.

Pro Portion: 398 kcal, 7 g Fett, 1 g gesättigte Fette, 15 g Proteine, 38 mg Calcium, 0,48 g Natrium

Gebackener, marinierter Seebarsch auf Süßkartoffelpüree

Püree aus Süßkartoffeln ist eine interessante Alternative zum traditionellen Kartoffelbrei. Ganz ohne Milch oder Butter hat es eine sahnige Konsistenz. Es passt ausgezeichnet zum Fisch mit kräftigem Rosmarin-Aroma.

Für 2 Portionen

4 Knoblauchzehen, geschält und durchgepresst
abgeriebene Schale von 1 unbehandelten Zitrone
10 kernlose schwarze und grüne Oliven
4 Esslöffel kalt gepresstes Olivenöl
Salz, gemahlener schwarzer Pfeffer
2 Seebarschfilets
2 Zweige Rosmarin
3 mittelgroße Süßkartoffeln, geschält, gewaschen und gewürfelt
gehackte Petersilie zum Garnieren

Den Backofen auf 200 °C vorheizen.

In einer großen Schüssel Knoblauch, Zitronenschale, Oliven, 2 Esslöffel Olivenöl, Salz und Pfeffer verrühren. Die Fischfilets in eine ofenfeste Form legen, die Olivenmischung und die Rosmarinzweige darauf verteilen. Anschließend den Fisch im Backofen 20 Minuten garen.

In einem Topf Salzwasser aufkochen, die Süßkartoffelstücke zugeben und bei mittlerer Temperatur weich kochen. Abgießen und die Kartoffeln zurück in den Topf geben. Das restliche Olivenöl, Salz und Pfeffer nach Geschmack zugeben und die Kartoffeln stampfen.

Den Fisch mit der Oliven-Rosmarin-Sauce und Süßkartoffelpüree servieren, die Petersilie über das Püree streuen.

Pro Portion: 479 kcal, 27 g Fett, 4 g gesättigte Fette, 22 g Proteine, 195 mg Calcium, 0,57 g Natrium

Gegrilltes Lachssteak mit Zitronensauce

Sie werden überrascht sein, wie cremig die Sauce schmeckt – keiner wird merken, dass statt Schlagsahne Sojacreme verwendet wird. Für 2 Portionen

1/2 Esslöffel reine Pflanzenmargarine
2 Knoblauchzehen, geschält und durchgepresst
125 ml Hühnerbrühe
100 ml Sojacreme
65 ml frisch gepresster Zitronensaft
1/2 Esslöffel Olivenöl
1/2 frische Korianderwurzel, mit 1 Knoblauchzehe zu einer Paste verarbeitet
Salz, gemahlener Pfeffer
2 Stücke Lachsfilet, je 250 g
2 Esslöffel fein gehackte Basilikumblätter

Die Margarine erhitzen. Den Knoblauch einige Minuten bei mittlerer Temperatur anbraten. Hühnerbrühe, Sojacreme und Zitronensaft zugeben und aufkochen. Dann bei kleiner Hitze einige Minuten köcheln.

Den Grill auf hoher Temperatur vorheizen, den Grillrost mit Olivenöl einpinseln. Die Knoblauch-Koriander-Paste mit Salz und Pfeffer verrühren und die Lachsfilets rundum damit bestreichen. Den Fisch von jeder Seite 3 Minuten (nach Geschmack auch länger) grillen.

Den Fisch auf Portionstellern anrichten. Das Basilikum in die Sauce rühren, noch einmal mit Salz und frisch gemahlenem Pfeffer abschmecken und die Sauce über die Lachsfilets geben.

Pro Portion: 381 kcal, 29 g Fett, 5 g gesättigte Fette, 28 g Proteine, 2 g Sojaprotein, 100 mg Calcium, 0,31 g Natrium

Seeteufelspieße mit Kokos-Curry-Sauce

Seeteufel hat ein besonders festes Fleisch, das im Gegensatz zu anderen Fischsorten kaum zerfällt. Deshalb eignet er sich für viele Zubereitungsarten und sehr gut auch für Spieße.

Für 2 Portionen

2 Esslöffel Pflanzenöl
2 Esslöffel thailändische rote Currypaste
2 Esslöffel frisch gepresster Zitronensaft
2 Teelöffel thailändische Fischsauce
1 Esslöffel gehacktes Basilikum
1 1/2 Teelöffel Zucker
450 g Seeteufelfilet, in 12 Würfel geschnitten
100 ml Kokosmilch
6 Basilikumblätter, in Streifen geschnitten
gekochter Reis (siehe Seite 49) als Beilage

1 Esslöffel Öl mit 1 Esslöffel Currypaste, Zitronensaft, Fischsauce, Basilikum und 1 Teelöffel Zucker in einer großen Schüssel verrühren. Die Fischwürfel zugeben und gut mit der Marinade vermischen. Mit Frischhaltefolie abdecken und im Kühlschrank 15 Minuten marinieren lassen.

Den Grill auf hoher Temperatur vorheizen. Den Grillrost mit dem restlichen Öl einfetten. 2 lange Bambus- oder Holzspieße in kaltem Wasser einweichen.

Je 6 Fischstücke auf 1 Spieß schieben und 3 Minuten grillen, dabei gelegentlich wenden, bis sie gar sind.

Für die Sauce die restliche Currypaste, die Kokosmilch und den restlichen Zucker in einem kleinen Topf verrühren und unter ständigem Rühren bei mittlerer Temperatur erhitzen. Die Basilikumstreifen zugeben und unterrühren.

Die Fischspieße mit dem Reis anrichten und mit der Kokos-Curry-Sauce beträufeln.

Pro Portion: 333 kcal, 17 g Fett, 8 g gesättigte Fette, 37 g Proteine, 70 mg Calcium, 0,47 g Natrium

Hähnchen-Curry im Pita-Brot

Vor einiger Zeit war mir zu Hause der Reis ausgegangen, aber es war noch rotes Hähnchen-Curry vom Vortag übrig. So kaufte ich kurzerhand Pita-Brote und servierte es zum Curry. Not macht erfinderisch – und manchmal entstehen daraus köstliche Rezepte. Für 2 Portionen

1 Esslöffel Pflanzenöl
1 1/2 Esslöffel thailändische rote Currypaste
3 Kaffir-Limettenblätter, in Stücke gezupft
100 ml Kokosmilch
100 ml Sojamilch
200 g Hähnchenbrustfilet, in dünne Scheiben geschnitten
1 1/2 Teelöffel thailändische Fischsauce
1 1/2 Teelöffel Zucker
75 g Zuckerschoten, geputzt
2 Pita-Brote
4 Thai-Basilikumblätter, fein gehackt
1 rote Chilischote, längs in schmale Streifen geschnitten

Das Pflanzenöl bei niedriger Temperatur in einem Wok erhitzen. Currypaste und Kaffir-Limettenblätter 15 Sekunden unter ständigem Rühren anbraten, dabei die Currypaste nicht anbrennen lassen.

Die Kokosmilch und die Sojamilch zugießen, das Fleisch zugeben und bei mittlerer Hitze etwa 5 Minuten köcheln lassen, bis das Fleisch gar ist. Mit Fischsauce und Zucker würzen. Die Zuckerschoten zugeben und 1 Minute unter ständigem Rühren erhitzen.

Die Pita-Brote im Toaster erwärmen, mit dem Curry füllen und mit Basilikumblättern und Chilistreifen bestreut servieren.

Pro Portion: 448 kcal, 15 g Fett, 10 g gesättigte Fette, 35 g Proteine, 2 g Sojaprotein, 213 mg Calcium, 0,56 g Natrium

Gebratene Hähnchenbrust mit cremiger Basilikumsauce

Hähnchenbrustfilet enthält wenig Fett und verträgt sich darum gut mit üppigen Saucen. Diese Sauce ist jedoch recht leicht, weil auf Sahne verzichtet wird. Dazu passt frisches Gemüse nach Ihrem Geschmack. Für 2 Portionen

- 1 Esslöffel Weizenmehl
- Salz, gemahlener Pfeffer
- 2 Hähnchenbrustfilets
- 2 Teelöffel Olivenöl
- 4 Teelöffel reine Pflanzenmargarine
- 1 Knoblauchzehe, geschält und durchgepresst
- 4 Esslöffel Hühnerbrühe
- 65 ml Sojacreme
- 30 ml frisch gepresster Zitronensaft
- 1 Esslöffel fein gehackte Basilikumblätter
- 2 Basilikumzweige zum Garnieren

Das Mehl in eine Schüssel geben, mit Salz und Pfeffer würzen. Das Fleisch im gewürzten Mehl wenden, überschüssiges Mehl abschütteln.

Öl und 2 Teelöffel Margarine in einer Pfanne erhitzen. Die Fleischstücke bei mittlerer Temperatur von jeder Seite 5–10 Minuten goldbraun braten. Aus der Pfanne nehmen und warm stellen.

Für die Sauce die restliche Margarine in der gleichen Pfanne erhitzen. Den Knoblauch einige Minuten anbraten. Brühe, Sojacreme und Zitronensaft zugeben und aufkochen. Die gehackten Basilikumblätter einrühren und mit Salz und Pfeffer abschmecken.

Die Hähnchenbrustfilets auf Portionstellern anrichten, mit der Sauce übergießen und mit Basilikumblättern garnieren.

Pro Portion: 349 kcal, 19 g Fett, 4 g gesättigte Fette,
38 g Proteine, 1 g Sojaprotein, 63 mg Calcium, 0,32 g Natrium

Gedämpftes Hähnchen mit Ingwerreis

Seit ich acht Jahre alt bin, ist dies eins meiner Lieblingsgerichte. Ich mag den würzigen Duft, der beim Kochen durch die Küche zieht. Dazu gehören eisgekühlte Gurkenscheiben – sonst schmeckt es nur halb so interessant. Für 2 Portionen

1 Teelöffel Pflanzenöl
1 Teelöffel geschälter und durchgepresster Knoblauch
450 g Reis, gewaschen und abgetropft
500 g Hähnchenteile, küchenfertig, davon die Hälfte ohne Haut
1/2 Teelöffel Salz
2 frische Korianderwurzeln, zerdrückt
5-cm-Stück frische Ingwerwurzel, ungeschält halbiert und leicht zerdrückt

1 Teelöffel frische Ingwerpaste
1 Teelöffel geschälter und durchgepresster Knoblauch
1/2 Teelöffel Zucker
3 Chilischoten, fein gehackt
2 Esslöffel fermentierte Sojabohnen
1/2 Esslöffel helle Sojasauce
1 Prise gemahlener weißer Pfeffer
2 Frühlingszwiebeln, geputzt und fein gehackt
eisgekühlte Gurkenscheiben
Korianderblätter zum Garnieren

Das Öl in einer Pfanne erhitzen und den durchgepressten Knoblauch anbraten, bis er duftet. Den Reis zugeben und mit Öl und Knoblauch kurz anbraten. Beiseite stellen.

Das Fleisch mit 1,2 Liter Wasser und Salz in einen Topf geben und aufkochen. 30–40 Minuten köcheln lassen, bis die Brühe aromatisch duftet und das Fleisch gar ist. 1 Esslöffel Brühe für die Sauce beiseite stellen, für den Reis 850 ml Hühnerbrühe abmessen.

Den Knoblauchreis mit der abgemessenen Hühnerbrühe, Korianderwurzeln und Ingwer 15–20 Minuten garen, bis der Reis die Brühe aufgenommen hat.

Für die Sauce Ingwerpaste, gehackten Knoblauch, Zucker, Chili und die fermentierten Sojabohnen verrühren und anschließend beiseite stellen.

Die Hähnchenteile aus der restlichen Brühe nehmen, die Knochen entfernen und das Fleisch würfeln. Die restliche Brühe mit Sojasauce und Pfeffer würzen, die Frühlingszwiebeln zugeben und einmal aufkochen.

Den gekochten Reis auf eine Platte geben, Ingwer und Korianderwurzeln entfernen. Fleisch und Gurkenscheiben auf dem Reis anrichten und mit Korianderblättern bestreuen. Die Sauce separat dazu reichen, die Brühe dazu servieren.

Pro Portion: 494 kcal, 7 g Fett, 1 g gesättigte Fette, 39 g Proteine, 4 g Sojaprotein, 37 mg Calcium, 1,53 g Natrium

Gegrillte Hackfleischröllchen mit Kräutern

Zu diesen »Thai-Frikadellen« schmecken Kartoffelplätzchen und eine würzige Sauce. Sie können sie aber auch als Highlight auf Ihrer nächsten Grillparty servieren.

Für 4 Portionen

500 g Schweinehackfleisch
10 g Zitronengras, fein gehackt
10 g Galgant, zu einer Paste zerrieben
4 Kaffir-Limettenblätter, fein gehackt
2 rote Chilischoten und 2 Knoblauchzehen, im Mixer oder Mörser zu einer Paste verarbeitet
2–3 Esslöffel thailändische rote Currypaste
3/4 Esslöffel Zucker
1/2 Teelöffel Salz
1 Teelöffel gemahlene Kurkuma
frische Korianderblätter zum Garnieren
6–8 Chilischoten, in Ringe geschnitten
6-cm-Stück Ingwerwurzel, geschält und in Scheiben geschnitten

Den Grill auf hoher Temperatur vorheizen.
Das Hackfleisch mit Zitronengras, Galgant, Kaffir-Limettenblättern, Chili-Knoblauch-Paste, Currypaste, Zucker, Salz und Kurkuma verkneten. Mit den Händen aus der Masse 8–10 Röllchen formen.
Die Hackröllchen 10–15 Minuten grillen und dabei gelegentlich wenden.
Die Röllchen mit Korianderblättern, Chiliringen und Ingwer garnieren. Dazu gebratene Kartoffelplätzchen und grüne Curry sauce (siehe rechts) servieren.

Pro Portion (ohne Kartoffelplätzchen und Sauce): 269 kcal, 16 g Fett, 5 g gesättigte Fette, 25 g Proteine, 43 mg Calcium, 1,07 g Natrium

Kartoffelplätzchen mit grüner Currysauce

Salz, gemahlener Pfeffer
2 große Kartoffeln, geschält und in kleine Würfel geschnitten
1 Teelöffel frisch gehackte Ingwerwurzel und 1 Teelöffel frische Korianderwurzel, zu einer Paste verarbeitet
1 Esslöffel reine Pflanzenmargarine
1/2 Esslöffel Pflanzenöl
2 Teelöffel thailändische grüne Currypaste
150 ml Sojacreme

Wasser und Salz in einem Topf aufkochen. die Kartoffelwürfel zugeben, gar kochen und abgießen. Die Kartoffeln mit der Hälfte der Ingwer-Koriander-Paste stampfen, mit Salz und Pfeffer würzen.
Eine große beschichtete Pfanne mit etwas Margarine einfetten und erhitzen. Einen großen Klecks Kartoffelpüree in die Mitte geben und flach drücken. Hellbraun braten, dann vorsichtig wenden und die andere Seite bräunen. Warm stellen und das restliche Püree ebenso braten.
Für die Sauce das Öl in einer Pfanne erhitzen. Die restliche Koriander-Ingwer-Paste unter ständigem Rühren kurz anbraten, aber nicht zu dunkel werden lassen. Die grüne Currypaste zugeben, 10–15 Sekunden mitbraten, dann die Sojacreme zugießen. Alle Zutaten gut verrühren und 2–3 Minuten leicht köcheln lassen, bis die Sauce etwas eindickt. Kartoffelplätzchen und Sauce zu den gegrillten Hackfleischröllchen servieren.

Pro Portion (nur Kartoffelplätzchen und Sauce): 208 kcal, 12 g Fett, 2 g gesättigte Fette, 4 g Proteine, 1 g Sojaprotein, 46 mg Calcium, 0,19 g Natrium

Gegrillte, marinierte Lammkoteletts mit duftenden Gewürzen

Lammfleisch kann man meiner Meinung nach besonders gut mit anderen herzhaften Zutaten und kräftigen Gewürzen kombinieren. Frisches Gemüse in einer cremigen Sauce ist die perfekte Ergänzung. Für 2 Portionen

- 1 Teelöffel Kreuzkümmel, leicht geröstet und fein zerstoßen
- 2,5-cm-Stück frische Ingwerwurzel, geschält und fein gehackt
- 2 Schalotten, geschält und gehackt
- 2 Knoblauchzehen, geschält und gehackt
- 1/2 Teelöffel Salz
- 1 Esslöffel Zucker
- 1 Stiel Zitronengras, gehackt
- 1 Esslöffel Pflanzenöl plus etwas zum Pürieren
- 2 Scheiben Lammfleisch aus der Lende, sichtbares Fett entfernt
- 25 g reine Pflanzenmargarine
- 200 g Lauch, in dünne Scheiben geschnitten
- 80 ml Sojacreme
- 100 g grüne Erbsen, frisch oder tiefgefroren
- Salz, gemahlener Pfeffer

Kreuzkümmel, Ingwer, Schalotten, Knoblauch, Salz, Zucker und Zitronengras im Mixer zu einer glatten Paste verarbeiten. Wenn die Paste zu trocken ist, einige Tropfen Öl zugeben.

Das restliche Öl in einer Pfanne erhitzen und die Paste bei niedriger Temperatur anbraten, bis sie duftet. Aus der Pfanne nehmen und abkühlen lassen.

Das Fleisch mit der Paste einreiben, mit Frischhaltefolie abdecken und im Kühlschrank 30 Minuten marinieren.

Inzwischen für das Gemüse die Margarine in einer Pfanne erhitzen. Den Lauch bei mittlerer Temperatur 10 Minuten weich dünsten. Die Sojacreme zugeben und aufkochen. Die Erbsen zugeben, salzen und pfeffern und weitere 4 Minuten garen.

Den Grill auf hoher Temperatur vorheizen. Das Lammfleisch von jeder Seite 3–4 Minuten grillen. Zum Lauch-Erbsen-Gemüse servieren.

Pro Portion: 531 kcal, 35 g Fett, 9 g gesättigte Fette, 36 g Proteine, 1 g Sojaprotein, 131 mg Calcium, 1,71 g Natrium

Hackfleisch-Curry mit Folienkartoffeln

Haben Sie schon einmal Folienkartoffeln mit Sauce Bolognese probiert? Dies ist meine Version: etwas exotischer und deutlich schärfer als der Klassiker. Für 2 Portionen

- 2 große Kartoffeln, gebürstet
- 1 Esslöffel Pflanzenöl
- 200 g mageres Rinderhackfleisch
- 1 1/2 Esslöffel thailändische rote Currypaste
- 75 ml Kokosmilch
- 75 ml Sojacreme
- 1 1/2 Teelöffel thailändische Fischsauce
- 1 1/2 Teelöffel Zucker
- 6 Basilikumblätter

Den Backofen auf 180 °C vorheizen.

Die Kartoffeln in Alufolie wickeln und auf mittlerer Einschubleiste 2 Stunden im Ofen garen.

Das Öl in einem Wok erhitzen. Das Hackfleisch zugeben und unter ständigem Rühren krümelig anbraten. Currypaste, Kokosmilch und Sojacreme zugeben und gut verrühren. Mit Fischsauce und Zucker würzen. Bei niedriger Temperatur noch einige Minuten köcheln lassen, dann die Basilikumblätter unterrühren.

Die Kartoffeln auswickeln, aufschneiden und zum Servieren mit der Sauce übergießen.

Pro Portion: 554 kcal, 31 g Fett, 11 g gesättigte Fette, 29 g Proteine, 1 g Sojaprotein, 95 mg Calcium, 0,78 g Natrium

Rosmarin-Cheeseburger mit Bananenchips und Tomatensalsa

Nur weil Sie sich laktosefrei ernähren, brauchen Sie nicht auf Cheeseburger zu verzichten. Diese Version schmeckt mindestens ebenso gut wie die Burger aus dem Imbiss – obendrein ist er viel gesünder. Für 2 Portionen

1 Esslöffel Olivenöl
Nadeln von 2 Rosmarinzweigen, gehackt
2 Knoblauchzehen, geschält und fein gehackt
2 Flaschentomaten, gewürfelt
Saft von 1/2 Zitrone
Salz, gemahlener Pfeffer
1 Scheibe milchfreies Weißbrot ohne Rinde
175 g mageres Rinderhackfleisch
1 Eigelb, verquirlt
2 Scheiben Sojakäse
2 milchfreie Sesam-Burgerbrötchen
1 Kochbanane
2–3 Esslöffel Weizenmehl
1 Esslöffel Pflanzenöl
1 Hand voll frische Spinatblätter

Für die Salsa das Öl in einer Pfanne erhitzen. Rosmarin und Knoblauch anbraten, bis sie zu duften beginnen. Die Tomaten einrühren, 1 Minute unter ständigem Rühren köcheln lassen. Mit Zitronensaft, Salz und Pfeffer würzen und beiseite stellen.
Das Brot in Stücke zupfen und im Mixer fein zerkleinern. In einer großen Schüssel Hackfleisch, Eigelb und Brotkrümel verkneten, mit Pfeffer würzen.
Den Grill auf mittlerer Temperatur vorheizen. Aus dem Fleischteig 2 flache Burger (maximal 1 cm dick) formen. Die Burger von jeder Seite 3–5 Minuten grillen. Auf jeden Burger 1 Scheibe Käse legen und kurz unter dem Grill überbacken. Warm stellen. Die Brötchen aufklappen und die Schnittflächen unter dem Grill oder in einer Grillpfanne kurz rösten.
Inzwischen die Kochbanane schälen und schräg in dünne Scheiben schneiden. Die Scheiben in dem Mehl wälzen. Eine Pfanne vorheizen, mit etwas Olivenöl einpinseln und die Bananenscheiben portionsweise von beiden Seiten goldbraun braten. Beiseite stellen.
Auf die Unterteile der Brötchen einige Spinatblätter legen. Darauf die Burger und etwas Tomatensalsa geben. Mit den Oberteilen der Brötchen bedecken und zu den Bananenchips servieren.

Pro Portion: 868 kcal, 35 g Fett, 8 g gesättigte Fette, 41 g Proteine, 5 g Sojaprotein, 376 mg Calcium, 0,72 g Natrium

4 Hauptgerichte

Polenta mit Pilzen und Spaghetti-Kürbis

Eine wunderbare Kombination aus Aromen und Konsistenzen, vegetarisch und ganz ohne Milchprodukte. Spaghetti-Kürbis sieht so interessant aus – man sollte ihn öfter essen! Für 4 Portionen

Salz
200 g grober Polenta-Grieß
50 g reine Pflanzenmargarine
gemahlener schwarzer Pfeffer
1/2 Spaghetti-Kürbis, ca. 500 g, entkernt
4 Esslöffel Olivenöl
1 Knoblauchzehe, geschält und gehackt
500 g Wald- oder Zuchtpilze (z. B. Champignons, Steinpilze, Pfifferlinge, Kräuterseitlinge, Braunkappen), je nach Größe halbiert oder geviertelt
1 Esslöffel gehackter Oregano plus einige Zweige zum Garnieren
150 ml trockener Weißwein

1,8 Liter Wasser mit 1 Teelöffel Salz in einem großen Topf aufkochen. Den Polenta-Grieß einrieseln lassen, dabei ständig rühren. 30–35 Minuten unter häufigem Rühren köcheln lassen, bis sich die Masse von der Topfwand löst.

Die Margarine unterrühren und mit Pfeffer abschmecken. Die heiße Polenta auf einem angefeuchteten Backblech oder Holzbrett 1 cm dick ausstreichen. Etwa 1 Stunde abkühlen lassen.

Inzwischen den Spaghetti-Kürbis in kochendem Wasser bissfest garen und das Innere mit einer Gabel herauslösen. Den Spaghetti-Kürbis bis zum Servieren warm stellen.

Das Olivenöl in einem Topf erhitzen. Den Knoblauch anbraten, dann Pilze und gehackten Oregano zugeben und einige Minuten anbraten. Die Temperatur erhöhen, den Wein zugießen und so lange offen kochen, bis der Wein fast vollständig verdampft ist. Mit Salz und Pfeffer abschmecken und warm stellen.

Eine Grillpfanne vorheizen. Die Polenta in Dreiecke schneiden und von beiden Seiten leicht anbräunen. Die Polentaschnitten mit dem Spaghetti-Kürbis und den Pilzen servieren.

Pro Portion: 434 kcal, 24 g Fett, 4 g gesättigte Fette, 8 g Proteine, 52 mg Calcium, 0,64 g Natrium

Gefüllte Paprika mit aromatischem Reis

Ein Klassiker in neuer Aufmachung: Die Füllung der Paprika ist mit Knoblauch, Chili, Basilikum und Sojasauce gewürzt.

Für 4 Portionen

4 Paprikaschoten (grün, orange oder gelb)
Salz
4 Esslöffel Pflanzenöl plus etwas zum Fetten des Bräters
4 Knoblauchzehen, geschält, mit 2 Chilischoten zu einer Paste verarbeitet
80 g gekochter Reis (siehe Seite 49)
100 g Zwiebeln, geschält und gewürfelt
100 g Chinakohl, in dünne Streifen geschnitten
80 g Brokkoli, die Stiele in dünne Scheiben geschnitten, die Köpfe in mundgerechte Röschen zerteilt
50 g Zuckerschoten, geputzt
4 Teelöffel helle Sojasauce
1 Teelöffel dunkle Sojasauce
2 Teelöffel Zucker
1/2 Hand voll Thai-Basilikum
1 rote Chilischote, gehackt

Den Backofen auf 190 °C vorheizen.

Von den Paprikaschoten die Deckel abschneiden, das Innere der Schoten herausschneiden und die Schoten von innen salzen.

Einen Wok oder eine Pfanne erhitzen. Das Öl zugeben und heiß werden lassen. Knoblauch-Chili-Paste zugeben und einige Sekunden unter ständigem Rühren erhitzen, bis sie zu duften beginnt. Sofort den Reis einrühren, dann Zwiebeln, Chinakohl, Brokkoli und Zuckerschoten zugeben und mit dem Reis vermengen. Mit Sojasauce, Zucker und Salz würzen. Gut umrühren, damit sich die Sojasauce gleichmäßig verteilt. Basilikumblätter und Chili unterrühren und alles erhitzen.

Den Gemüsereis in die Paprikaschoten füllen. Den Boden eines flachen Bräters mit etwas Öl einpinseln. Die Paprikaschoten mit der Öffnung nach oben hineinstellen. Die Deckel aufsetzen und 20 Minuten backen, bis die Paprikaschoten weich sind, aber noch nicht zerfallen. Heiß servieren.

Pro Portion: 437 kcal, 24 g Fett, 3 g gesättigte Fette, 10 g Proteine, 1 g Sojaprotein, 194 mg Calcium, 1,11 g Natrium

Gebackener Lauch mit Fenchel und Tomaten

Ich verwende Lauch im Grunde wie Frühlingszwiebeln, doch weil Lauchstangen dicker und fester sind, eignen sie sich besser zum Backen. Für 4 Portionen

400 g Fenchel, geputzt und geviertelt
400 g neue Kartoffeln, halbiert
225 g Lauch, gewaschen, geputzt und in 7,5 cm lange Stücke geschnitten
1 unbehandelte Zitrone, geachtelt
100 ml Olivenöl
3 Esslöffel reine Pflanzenmargarine, geschmolzen
4 Zweige Thymian
2 große, rote Zwiebeln, geschält und in Ringe geschnitten
Salz, gemahlener Pfeffer

Den Backofen auf 200 °C vorheizen.

In einem großen Bräter Fenchel, Kartoffeln, Lauch und Zitronenachtel verteilen. Olivenöl mit der geschmolzenen Margarine und 3 Esslöffel Wasser verrühren und darüber träufeln. Die Thymianzweige zugeben.

Das Gemüse mit einem Stück Back- oder Pergamentpapier abdecken. Etwa 25–30 Minuten backen. 10 Minuten vor Ende der Garzeit die roten Zwiebeln zugeben und das Papier entfernen. Mit Salz und Pfeffer würzen und servieren.

Pro Portion: 387 kcal, 30 g Fett, 4 g gesättigte Fette, 5 g Proteine, 80 mg Calcium, 0,18 g Natrium

Möhren-Kürbis-Risotto

Das farbenfrohe Risotto bekommt durch Möhren und Kürbis eine natürliche Süße. Ein mildes und sättigendes Gericht, das schnell zubereitet ist.

Für 4 Portionen

2 Liter Gemüsebrühe
25 g reine Pflanzenmargarine
3 Esslöffel Olivenöl
2 Knoblauchzehen, geschält und gehackt
1 rote Zwiebel, geschält und fein gehackt
200 g Möhren, geschält und gehackt
500 g Kürbis, geschält, entkernt und gehackt
450 g Risotto-Reis
Salz, gemahlener schwarzer Pfeffer
1/2 Hand voll fein gehackte Basilikumblätter

Die Brühe in einem Topf aufkochen, dann die Temperatur reduzieren, bis die Brühe gerade noch köchelt.
Inzwischen Margarine und Olivenöl in einem Topf bei mittlerer Temperatur erhitzen. Knoblauch und Zwiebel einige Minuten glasig dünsten. Gehackte Möhren und Kürbis zugeben und einige Minuten andünsten. Den Reis zugeben, mit den anderen Zutaten verrühren und glasig dünsten.
Eine Kelle heiße Brühe zugeben und unter ständigem Rühren köcheln lassen, bis der Reis die Brühe aufgenommen hat. Erst dann die nächste Kelle Brühe zugeben. So fortfahren, bis der Reis gar, aber noch bissfest ist. Mit Salz und Pfeffer abschmecken. Das gehackte Basilikum unterheben.

Pro Portion: 552 kcal, 15 g Fett, 2 g gesättigte Fette, 13 g Proteine, 132 mg Calcium, 0,81 g Natrium

Massaman-Curry mit Seitan und Gemüse

Seitan ist ein eiweißreiches Produkt aus Weizen, das in der asiatischen Küche als Fleischersatz verwendet wird. Sie finden den Seitan im Asialaden oder im Reformhaus. Für 4 Portionen

- 2 Esslöffel Pflanzenöl
- 4 Schalotten, geschält und in dünne Scheiben geschnitten
- 4 Esslöffel Massaman-Currypaste oder rote Currypaste
- 310 g Seitan-Würfel
- 200 ml Kokosmilch
- 300 ml Sojacreme
- 2 große Kartoffeln, geschält und in 4–5 Stücke geschnitten
- 1 Zwiebel, geschält und in dicke Ringe geschnitten
- 1 Esslöffel geröstete Erdnüsse
- 4 Kardamomkapseln, geröstet (nur wenn rote Currypaste verwendet wird)
- 2 kleine Zimtstangen, geröstet (nur wenn rote Currypaste verwendet wird)
- 2 Esslöffel Tamarindensaft oder 1 1/2 Esslöffel frisch gepresster Zitronensaft
- 3 Esslöffel Palmzucker oder 1 1/4 Esslöffel Zucker
- 1 1/2 Esslöffel thailändische Fischsauce
- 1/2 Hand voll Korianderblätter zum Garnieren
- Naan-Fladenbrot oder gegarter Reis (siehe Seite 49) als Beilage

Für die Schalotten 1 Esslöffel Öl in einem Wok bei mittlerer Temperatur erhitzen. Die Schalotten zugeben und unter häufigem Rühren goldbraun und knusprig braten. Aus dem Öl nehmen und auf Küchenpapier abtropfen lassen.
Für das Curry das restliche Öl in einem Wok bei niedriger Temperatur erhitzen. Die Currypaste unter ständigem Rühren kurz anrösten, aber nicht anbrennen lassen. Die Seitan-Würfel zugeben und unter ständigem Rühren 1 Minute anbraten.
Kokosmilch und Sojacreme zugeben und unter gelegentlichem Rühren 5 Minuten köcheln lassen. Kartoffeln, Zwiebel, Erdnüsse und bei Bedarf Kardamomkapseln und Zimt zugeben. Mit Tamarindensaft, Palmzucker und Fischsauce würzen. Das Curry etwa 20 Minuten köcheln lassen, bis die Kartoffeln gar sind und sich Öl auf der Oberfläche absetzt.
In eine Schüssel füllen, mit knusprigen Schalotten und Korianderblättern garnieren. Mit Naan-Fladenbrot oder Reis servieren.

Pro Portion: 536 kcal, 35 g Fett, 10 g gesättigte Fette, 20 g Proteine, 2 g Sojaprotein, 153 mg Calcium, 1,01 g Natrium

Dschungel-Curry mit Lychees und Zucchini

Dieses Curry wurde ursprünglich aus Gemüse zubereitet, das gerade zur Hand war – daher hat es seinen Namen. Es ist mein absolutes Lieblings-Curry, sehr gesund und gut für die Figur. Für 4 Portionen

- 1 Teelöffel thailändische rote Currypaste
- 1 Teelöffel abgeriebene Kaffir-Limettenschale oder Limettenschale
- 1 1/2 Esslöffel Pflanzenöl
- 5 Kaffir-Limettenblätter, in Stücke gezupft
- 700 ml Gemüsebrühe
- 400-g-Dose Lychees, abgetropft, 200 ml Saft aufgefangen
- 310 g Butternut-Kürbis, geschält und in Würfel geschnitten
- 2 große Zucchini
- 7-cm-Stück frische Ingwerwurzel, in feine Stifte geschnitten
- 1 Esslöffel grüne Pfefferkörner, frisch oder eingelegt und abgetropft
- 4 Esslöffel thailändische Fischsauce
- 1 Teelöffel Zucker
- 1/2 Hand voll Thai-Basilikum
- 1 grüne Chilischote, längs in schmale Streifen geschnitten
- 1 rote Chilischote, längs in schmale Streifen geschnitten
- gekochter Reis als Beilage (siehe Seite 49)

Zuerst die Currypaste in einem Mörser mit der abgeriebenen Kaffir-Limettenschale zu einer Paste verarbeiten. Das Öl in einem Wok bei niedriger Temperatur erhitzen. Die Paste zugeben und unter ständigem Rühren kurz anrösten, bis sie duftet. Die Kaffir-Limettenblätter zugeben und weitere 10 Sekunden rühren.

Brühe und Lychee-Saft zugießen und unter ständigem Rühren aufkochen, bis die Paste vollständig gelöst ist.

Die Kürbiswürfel zugeben und bei mittlerer Hitze 3–4 Minuten kochen. Dann Zucchini, Lychees, Ingwer und grüne Pfefferkörner zugeben. Mit thailändischer Fischsauce und Zucker würzen und weitere 2 Minuten köcheln lassen.

Den Großteil der Basilikumblätter und Chilistreifen unterrühren. In eine Servierschüssel umfüllen, mit den restlichen Basilikumblättern und Chilistreifen garnieren und zu gekochtem Reis servieren.

Pro Portion: 217 kcal, 8 g Fett, 1 g gesättigte Fette, 7 g Proteine, 134 mg Calcium, 1,62 g Natrium

Aubergine mit Knoblauch und Chili

Dieses Gemüse passt zu Nudeln und schmeckt auch auf gerösteter Bruschetta. Es eignet sich auch als Pizzabelag und Beilage zu Gemüse- oder Getreidebratlingen. Ein ideales Allround-Gericht!

Für 4 Portionen

1 große Aubergine
1 Esslöffel Pflanzenöl
8 Cocktailtomaten, halbiert
2 geschälte Knoblauchzehen und 1 rote Chilischote, zu einer Paste verarbeitet
Salz
1/2 Teelöffel Zucker
4 Esslöffel Gemüsebrühe
1 rote Chilischote, längs in Streifen geschnitten
1/2 Hand voll frisches Basilikum

Die Aubergine längs in Scheiben schneiden und in kaltes Wasser tauchen. Auf Küchenpapier abtropfen lassen und in einer beschichteten Pfanne bei mittlerer Temperatur ohne Öl rösten, bis das Gemüse gar, aber noch fest ist. Zwischendurch einmal wenden. Die Auberginen warm stellen.

Für die Sauce Öl, Tomaten und Knoblauch-Chili-Paste einige Sekunden anrösten. Mit Salz und Zucker würzen, Brühe zugießen und kurz aufkochen lassen, damit die Sauce leicht andickt. Den Großteil der Chilistreifen und Basilikumblätter einrühren und erhitzen.

Die Sauce über die Auberginen träufeln, mit den restlichen Basilikumblättern und Chilistreifen garnieren.

Pro Portion: 54 kcal, 3 g Fett, 1 g gesättigte Fette, 2 g Proteine, 20 mg Calcium, 0,12 g Natrium

Pfannengerührte Pilze mit Frühlingszwiebeln

Zu diesem Gericht passen gekochte Eiernudeln oder gedämpfter Reis. Sie können die eine oder andere Pilzsorte auch austauschen, wenn Sie Schwierigkeiten haben, sie zu bekommen. Für 4 Portionen

2 Esslöffel Pflanzenöl
4 Knoblauchzehen, geschält und durchgepresst
125 g Austernpilze, geputzt
65 g getrocknete Strohpilze, in Wasser eingeweicht und ausgedrückt
80 g Champignons, geviertelt
30 g getrockneter Wolkenohr-Pilz, in Wasser eingeweicht und ausgedrückt
80 g Mini-Maiskolben, geputzt
1 Esslöffel thailändische Fischsauce
1 Esslöffel helle Sojasauce
1/2 Teelöffel Zucker
1 Esslöffel Sesamöl
2 Frühlingszwiebeln, geputzt und in 2,5 cm lange Stücke geschnitten
1 Esslöffel Speisestärke, mit 2–3 Esslöffel kaltem Wasser angerührt
Korianderblätter zum Garnieren
1 Prise gemahlener weißer Pfeffer

Das Öl in einem Wok bei mittlerer Temperatur erhitzen. Den durchgepressten Knoblauch zugeben und unter ständigem Rühren einige Sekunden anbraten, bis er duftet. Alle Pilzsorten und die Maiskolben zugeben und 1–2 Minuten unter ständigem Rühren anbraten. 4 Esslöffel Wasser zugeben und unter ständigem Rühren aufkochen.

Den Wok kurz von der Herdplatte ziehen. Mit Fischsauce, Sojasauce, Zucker und Sesamöl würzen. Frühlingszwiebeln und die angerührte Speisestärke zugeben und unter ständigem Rühren aufkochen, bis die Sauce eindickt.

Mit Korianderblättern garnieren und mit gemahlenem weißen Pfeffer bestreuen.

Pro Portion: 177 kcal, 9 g Fett, 1 g gesättigte Fette, 5 g Proteine, 51 mg Calcium, 0,6 g Natrium

Pochierte Eier mit Zwiebeln und Tomaten

Meine Großmutter nannte dieses Rezept »Eier für arme Leute«. Heute verstehe ich den Namen: Es ist superpreiswert – und superlecker! Für 4 Portionen

2 Esslöffel Pflanzenöl zum Braten
1 Zwiebel, geschält und in dünne Ringe geschnitten
3 große Flaschentomaten, gewürfelt
3 große neue Kartoffeln, geschält und gewürfelt
1 große Möhre, geschält und gewürfelt
1 1/2 Esslöffel thailändische Fischsauce
1 Teelöffel und 1 Esslöffel Weißweinessig
1 Teelöffel Zucker
8 kleine Eier
1 Prise gemahlener weißer Pfeffer

Für die Sauce das Öl in einer Pfanne erhitzen. Die Zwiebelringe unter gelegentlichem Rühren hellbraun anbraten. Das übrige Gemüse einige Minuten unter ständigem Rühren mitbraten. 4 Esslöffel Wasser zugießen und zugedeckt etwa 20 Minuten köcheln lassen, bis die Kartoffeln gar sind, aber noch nicht zerfallen. Mit Fischsauce, 1 Teelöffel Essig und Zucker würzen und warm stellen.

In einem Topf reichlich Wasser und den restlichen Essig aufkochen. Die Eier einzeln in eine Suppenkelle oder Tasse schlagen und je 4 Eier in das Wasser gleiten lassen. Den Herd abschalten, den Deckel auf den Topf legen und die Eier 3–4 Minuten wachsweich gar ziehen lassen. Die Eier mit einer Schaumkelle aus dem Wasser nehmen, abtropfen lassen und warm halten. Die übrigen Eier ebenso garen.

Die Eier auf einer großen ovalen Platte anrichten. Die Sauce darüber gießen und mit weißem Pfeffer bestreut servieren.

Pro Portion: 347 kcal, 22 g Fett, 5 g gesättigte Fette, 19 g Proteine, 111 mg Calcium, 0,65 g Natrium

Sommergemüse mit Couscous

Couscous wird aus Weizen hergestellt und kommt ursprünglich aus Nordafrika. Mit einer Garzeit von nur 5–10 Minuten eignet er sich hervorragend für die schnelle Alltagsküche. Für 4 Portionen

350 g Couscous
110 g junge Möhren, geputzt und gehackt
Salz
1 rote Paprika, geputzt und in dünne Streifen geschnitten
110 g Zuckerschoten
4 dünne Lauchstangen, geputzt und in Scheiben geschnitten
110 g Maiskörner, tiefgefroren oder aus der Konserve
65 ml frisch gepresster Zitronensaft
2 Esslöffel Olivenöl
gemahlener Pfeffer
1 Esslöffel gehackte Minze

Den Couscous in einer Schüssel mit 600 ml kochendem Wasser übergießen. 10 Minuten abgedeckt beiseite stellen, bis das Wasser aufgesogen ist, dann den Couscous mit einer Gabel auflockern.

Die Möhren in wenig gesalzenem Wasser 2 Minuten kochen. Paprika, Zuckerschoten, Lauch und Maiskörner zugeben und weitere 3 Minuten kochen. Abgießen und abtropfen lassen. Den Couscous zugeben.

Zitronensaft und Olivenöl unterrühren, mit Salz und Pfeffer abschmecken, die gehackte Minze unterheben. Heiß oder lauwarm servieren.

Pro Portion: 308 kcal, 7 g Fett, 1 g gesättigte Fette, 8 g Proteine, 54 mg Calcium, 0,11 g Natrium

Fusilli in Limetten-Kokosmilch-Sauce

Dieser kulturelle Spagat funktioniert wirklich gut. Ich würde dieses Gericht nicht präsentieren, wenn meine italienischen Freunde nicht Versuchskaninchen gespielt hätten. Eine tolle Kombination!

Für 3 Portionen

- 350 g kurze gedrehte Nudeln (Fusilli)
- Salz
- 300 ml Kokosmilch
- 1 Stiel Zitronengras, leicht zerdrückt
- 1 frische Korianderwurzel, leicht zerdrückt
- 2 Kaffir-Limettenblätter
- 1-cm-Stück Galgantwurzel, in dünne Scheiben geschnitten
- 50 g Austernpilze, je nach Größe halbiert oder geviertelt
- 4 kleine, getrocknete Chilischoten ohne Stiel
- 1 1/2 Teelöffel Zucker
- 1 1/2 Esslöffel frisch gepresster Limettensaft
- Korianderblätter zum Garnieren
- abgeriebene Schale von 1/2 Limette

Die Nudeln in einem großen Topf in kochendem Salzwasser nach Packungsanweisung bissfest garen, abgießen und abtropfen lassen.

Inzwischen die Kokosmilch mit 150 ml Wasser in einem Topf aufkochen. Zitronengras, Korianderwurzel und Kaffir-Limettenblätter zugeben und 10 Minuten bei niedriger Temperatur köcheln lassen. Die Sauce durch ein Sieb gießen, um die Gewürze zu entfernen. Galgant, Pilze und getrocknete Chilischoten zugeben und aufkochen. Mit Salz, Zucker und Limettensaft abschmecken.

Vom Herd nehmen, die gekochten Nudeln zugeben und sorgfältig vermischen. Auf Portionsteller füllen, mit Korianderblättern und Limettenschale garnieren und sofort servieren.

Pro Portion: 588 kcal, 19 g Fett, 14 g gesättigte Fette, 16 g Proteine, 73 mg Calcium, 0,59 g Natrium

Überbackene Makkaroni mit Cocktailtomaten

Ein echter Gaumenschmeichler! Und dazu noch ein Gericht, das sie problemlos vorbereiten können und bei Bedarf in den Ofen schieben. Die Backzeit verlängert sich dann um etwa 10 Minuten. Für 4 Portionen

175 g Cocktailtomaten
1 Esslöffel Olivenöl
Salz, gemahlener schwarzer Pfeffer
225 g Makkaroni
50 g reine Pflanzenmargarine
40 g Weizenmehl
500 ml Gemüsebrühe
1 Esslöffel Dijon-Senf
2 Eier, verquirlt

Den Backofen auf 220 °C vorheizen.

Die Cocktailtomaten in eine ofenfeste Form (2 Liter Inhalt) geben, mit Olivenöl beträufeln und mit Salz und Pfeffer bestreuen. Die Tomaten 15 Minuten backen, bis sie beginnen, weich zu werden und die Haut platzt. Beiseite stellen.

Inzwischen die Makkaroni in einem großen Topf in kochendem Salzwasser nach Packungsanleitung bissfest garen. Abgießen und beiseite stellen.

Die Margarine in einem Topf schmelzen. Das Mehl zugeben und 20 Sekunden anschwitzen, dann langsam die Gemüsebrühe zugießen und mit einem Schneebesen glatt rühren. Die Sauce aufkochen, bis sie eindickt. Den Senf unterrühren und mit Salz und Pfeffer abschmecken. Leicht abkühlen lassen.

Die Eier in die Sauce rühren. Dann die gegarten Makkaroni und die gebackenen Tomaten zugeben und unterheben.

Die Makkaroni in die ofenfeste Form geben und etwa 15–20 Minuten goldbraun überbacken

Pro Portion: 410 kcal, 18 g Fett, 4 g gesättigte Fette, 13 g Proteine, 71 mg Calcium, 0,52 g Natrium

Tagliatelle mit Austernpilzen und Walnüssen

Das Gericht ist ganz einfach zuzubereiten, bekommt aber durch Wein und Sojacreme einen Hauch Luxus. Die cremige Sauce verträgt sich ausgezeichnet mit den Pilzen und Nüssen. Für 4 Portionen

3 Esslöffel Olivenöl
225 g Austernpilze, je nach Größe halbiert oder geviertelt
2 Knoblauchzehen, geschält und durchgepresst
1 Zwiebel, geschält und fein gehackt
50 g Walnüsse, grob gehackt
150 ml trockener Weißwein
4 Esslöffel Sojacreme
2 Esslöffel gehackte Rosmarinnadeln plus 2 Zweige zum Garnieren
1 kleine Lauchstange, gehackt
Salz
225 g Bandnudeln (Tagliatelle)

Das Öl in einer Pfanne erhitzen. Pilze, Knoblauch und Zwiebel zugeben und braten, bis die Pilze weich sind. Die Walnüsse zugeben und weitere 3 Minuten braten.

Wein und die Sojacreme zugießen, Rosmarin und Lauch zugeben. Einige Minuten köcheln lassen, bis der Lauch gar ist. Mit Salz abschmecken und warm stellen.

Inzwischen die Nudeln in einem großen Topf in kochendem Salzwasser nach Packungsanleitung bissfest garen. Die Nudeln abgießen und auf Portionsteller verteilen. Mit der Sauce übergießen und mit Rosmarinzweigen garnieren.

Pro Portion: 435 kcal, 21 g Fett, 3 g gesättigte Fette, 11 g Proteine, 1 g Sojaprotein, 84 mg Calcium, 0,21 g Natrium

Gemüselasagne

Wer auf Milchprodukte verzichtet, darf keine Lasagne essen? Irrtum! Diese vegetarische Variante mit Sojamilch und -käse schmeckt genau so gut wie der Klassiker.

Für 4 Portionen

250 g Lasagneplatten
Salz
2 Esslöffel kalt gepresstes Olivenöl
3 Knoblauchzehen, geschält und durchgepresst
1 rote Zwiebel, geschält und fein gehackt
1 Aubergine, in 1 cm dicke Scheiben geschnitten
1 gelbe oder rote Paprika, geputzt und gewürfelt
400 g gewürfelte Tomaten (Konserve)
1 Zucchini, in 1/2 cm dicke Scheiben geschnitten
1 Esslöffel Tomatenmark
200 ml Gemüsebrühe
40 g reine Pflanzenmargarine
25 g Weizenmehl
500 ml Sojamilch
2 Teelöffel Dijon-Senf
gemahlener Pfeffer
2 Esslöffel gehackter frischer Oregano
50 g Sojakäse, fein gerieben
25 g Semmelbrösel

Auch Lasagneplatten, die nicht vorgekocht werden müssen, gare ich kurz an, weil sie sich dann leichter in die Form legen und in passende Stücke schneiden lassen. Dazu die Platten in einen großen Topf mit kochendem Salzwasser geben, vorsichtig umrühren und 10 Minuten kochen. Abgießen und kalt abschrecken, damit sie nicht zusammenkleben. Beiseite stellen.

Das Öl in einem großen Topf erhitzen. Knoblauch und Zwiebel einige Minuten andünsten. Auberginenscheiben und Paprika zugeben und bei mittlerer Temperatur 10 Minuten unter gelegentlichem Rühren dünsten. Tomaten, Zucchini, Tomatenmark und Brühe zugeben und im zugedeckten Topf 7–8 Minuten köcheln lassen, bis das Gemüse bissfest ist. Vom Herd nehmen und beiseite stellen.

Den Backofen auf 200 °C vorheizen.

Für die weiße Sauce die Margarine in einem Topf schmelzen. Das Mehl zugeben und bei mittlerer Hitze kurz unter Rühren anschwitzen. Dann langsam Sojamilch und Senf zugeben, mit einem Schneebesen glatt rühren und aufkochen, bis die Sauce eindickt. Mit Salz und Pfeffer abschmecken, den Oregano unterrühren.

Gemüse und Nudelplatten abwechselnd in eine rechteckige ofenfeste Form schichten. Die oberste Schicht sollte Gemüse sein.

Sojakäse und Semmelbrösel vermischen und auf die Lasagne streuen. Im vorgeheizten Ofen 30–35 Minuten backen, bis die Lasagne eine goldbraune Kruste hat. Heiß servieren.

Pro Portion: 524 kcal, 22 g Fett, 3 g gesättigte Fette, 18 g Proteine, 5 g Sojaprotein, 158 mg Calcium, 0,57 g Natrium

Gedämpfte Eier mit Frühlingszwiebeln und Krabben

Gesünder kann man Eier kaum zubereiten. Sie schmecken wie ganz zarter Tofu, sehr fein und mild. Wenn Sie keinen Dämpfer haben, verwenden Sie einen Topf, in den Sie ein Metallsieb hängen. Für 4 Portionen

8 mittelgroße Eier
150 g Nordsee- oder Eismeerkrabben
2 Esslöffel thailändische Fischsauce
2 Teelöffel Zucker
10 Schalotten, geschält und in dünne Ringe geschnitten
4 Frühlingszwiebeln, geputzt und fein gehackt
2 Teelöffel knuspriger Knoblauch (siehe Seite 75)
1/2 Hand voll Korianderblätter
gemahlener weißer Pfeffer
gekochter Reis (siehe Seite 49) als Beilage

Einen Dämpfer bei hoher Temperatur so lange erhitzen, bis das Wasser kocht.
Die Eier mit 250 ml Wasser in einer flachen Schale, die in den Dämpfer passt, verquirlen. Krabben, Fischsauce, Zucker, Schalotten und Frühlingszwiebeln unterrühren.
Die Schüssel mit der Eiermischung in den Dämpfer stellen, den Deckel aufsetzen und etwa 15–20 Minuten garen, bis das Ei gestockt ist.
Mit knusprigem Knoblauch und Koriander garnieren und mit etwas weißem Pfeffer bestreuen. Zu gekochtem Reis servieren.

Pro Portion: 230 kcal, 14 g Fett, 3 g gesättigte Fette, 23 g Proteine, 193 mg Calcium, 2,16 g Natrium

Scampi mit Knollensellerie und Pinienkernen

Pinienkerne sind wunderbar weich und zart und haben – vor allem geröstet – viel Charakter. Hier habe ich sie einmal statt der bekannteren Cashewkerne oder Erdnüsse verwendet. Für 4 Portionen

2 Esslöffel Pinienkerne
2 Esslöffel Pflanzenöl
2 Knoblauchzehen, geschält und durchgepresst
250 g rohe, große Scampi, geschält und gesäubert
100 g Knollensellerie, gehackt
2 Esslöffel thailändische Fischsauce
1 Esslöffel Zucker
gemahlener weißer Pfeffer
Korianderblätter zum Garnieren
gekochter Reis (siehe Seite 49) oder Eiernudeln als Beilage

Die Pinienkerne in einer beschichteten Pfanne ohne Fett goldbraun anrösten.
Das Öl in einem Wok erhitzen. Den Knoblauch kurz anbraten, die Scampi zugeben und 1 Minute mitbraten.
Den Knollensellerie zugeben und unter ständigem Rühren weitere 1–2 Minuten braten. Fischsauce, geröstete Pinienkerne und Zucker zugeben und gut unterrühren.
Mit weißem Pfeffer bestreuen, mit Korianderblättern garnieren und sofort zu Reis oder Eiernudeln servieren.

Pro Portion: 163 kcal, 10 g Fett, 1 g gesättigte Fette, 13 g Proteine, 68 mg Calcium, 0,71 g Natrium

Gefüllter Tintenfisch mit Spinat

Da ich aus Thailand stamme, ist mir die Liebe zum Tintenfisch wohl angeboren. Mein Sohn Timothy mag sehr gern Spinat, darum kommen beide Zutaten bei uns häufig auf den Tisch.
Für 4 Portionen

600 g Kartoffeln, geschält und in 1 cm dicke Scheiben geschnitten
Salz, gemahlener Pfeffer
450 g Blattspinat, geputzt
2 Esslöffel Olivenöl plus etwas zum Fetten
8 mittelgroße Tintenfischtuben (-mäntel), küchenfertig
65 g reine Pflanzenmargarine
scharfes Chilipulver nach Geschmack
Saft von 2 Zitronen
Petersilie zum Garnieren

Die Kartoffeln in einem Topf in kochendem Salzwasser 20 Minuten garen. Abgießen und beiseite stellen.
Den Spinat tropfnass in einen Topf geben und einige Minuten zugedeckt dünsten, bis er zusammenfällt. Den Spinat auf einem Sieb abtropfen lassen, etwas abkühlen lassen, mit den Händen gut ausdrücken und grob hacken. Den Spinat in eine Schüssel geben. Das Olivenöl zum Spinat geben, mit Salz und Pfeffer würzen und gut vermengen.
Den Backofen auf 180 °C vorheizen. Einen runden Bräter (2 Liter Inhalt) leicht einölen.
Den Spinat in die Tintenfischtuben füllen und die Öffnungen mit Zahnstochern zustecken.
Die Kartoffelscheiben leicht überlappend auf dem Boden des Bräters verteilen. Die Hälfte der Margarine in Flöckchen schneiden und auf den Kartoffeln verteilen. Die gefüllten Tintenfische auf die Kartoffeln legen und die restlichen Margarineflöckchen darauf verteilen. Mit scharfem Chilipulver, Salz und Pfeffer bestreuen. Den Bräter mit einem Deckel oder Alufolie abdecken und 35–40 Minuten garen.
Die Tintenfische mit Zitronensaft beträufeln, mit Petersilie bestreuen und servieren.

Pro Portion: 415 kcal, 22 g Fett, 4 g gesättigte Fette, 26 g Proteine, 222 mg Calcium, 0,54 g Natrium

Gegrillte Brassen mit Ingwer und fermentierten Sojabohnen *In Thailand verwendet man für dieses Rezept Brachsenmakrele, doch Europäer haben offenbar Probleme mit Gräten. Also habe ich es mit Brassen probiert – und alle waren zufrieden.* Für 4 Portionen

2 Esslöffel Speisestärke
2 Brassen, je ca. 750 g, küchenfertig
2 1/2 Esslöffel Pflanzenöl
15-cm-Stück frische Ingwerwurzel, fein gestiftelt
4 Knoblauchzehen, geschält und durchgepresst
2 Esslöffel fermentierte Sojabohnen
80 g getrocknete Strohpilze, 30 Minuten in kaltem Wasser eingeweicht, abgetropft und ausgedrückt
175 g Austernpilze, geputzt
4 Frühlingszwiebeln, geputzt und in Stücke geschnitten
1 Esslöffel helle Sojasauce
2 Teelöffel Fischsauce
1 1/2 Esslöffel Zucker
850 ml Hühnerbrühe
1 Esslöffel Sesamöl
gemahlener weißer Pfeffer
frische Korianderblätter

Die Speisestärke in einer kleinen Schüssel mit 6 Esslöffel Wasser anrühren und beiseite stellen.
Die Fische auf jeder Seite 3 x 3 mm tief einschneiden, damit sie schneller garen und das Aroma der Sauce besser annehmen. Die Fische rundum mit etwas Öl einpinseln und auf ein Backblech legen. Den Grill auf mittlerer Temperatur vorheizen und die Fische von jeder Seite 5–7 Minuten garen. Als Garprobe an einem Einschnitt prüfen, ob sich das Fleisch leicht von den Gräten löst. Den Fisch warm halten.
Das restliche Öl in einem Wok erhitzen. Ingwer, Knoblauch und fermentierte Sojabohnen zugeben und kurz anbraten. Die Pilze und Frühlingszwiebeln zugeben und 2 Minuten bei mittlerer Hitze mitbraten. Sojasauce, Fischsauce, Zucker, Brühe und die angerührte Speisestärke zugeben und unter Rühren aufkochen, bis die Sauce eindickt. Zum Schluss das Sesamöl zugeben.
Die Fische vorsichtig filetieren und auf Portionsteller verteilen. Sauce und Gemüse darüber geben, mit Pfeffer bestreuen, mit Korianderblättern garnieren und servieren.

Pro Portion: 375 kcal, 15 g Fett, 2 g gesättigte Fette, 32 g Proteine, 2 g Sojaprotein, 134 mg Calcium, 1,21 g Natrium

Fischgratin *Für dieses Rezept können Sie jede Fischsorte verwenden. Wer mag, gibt noch einige Muscheln oder Krabben zu. Ich bevorzuge Heilbutt und Kabeljau, weil das Fischfleisch sehr zart ist. Lachs gibt dem Gratin noch einen farblichen Akzent.*

Für 4 Portionen

1 kg Kartoffeln, geschält und gewürfelt
Salz, gemahlener Pfeffer
500 ml Sojamilch
375 g Fischfilet
50 g reine Pflanzenmargarine
40 g Weizenmehl
150 g Erbsen, frisch oder tiefgefroren
2 Esslöffel Schnittlauchröllchen
1 Teelöffel gehackter Estragon
2 Esslöffel gehackte Petersilie

Die Kartoffeln in einem großen Topf in kochendem Salzwasser 20 Minuten garen.
Die Sojamilch in einen Topf geben, den Fisch zugeben. Langsam aufkochen, vom Herd nehmen und 5 Minuten stehen lassen. Den Fisch vorsichtig mit einer Schaumkelle aus der Flüssigkeit nehmen, auf eine Platte legen und beiseite stellen. Etwa 200 ml Sojamilch für das Kartoffelpüree abmessen, den Rest für die Sauce bereitstellen.
Den Backofen auf 200 °C vorheizen.
Für die Sauce die Hälfte der Margarine in einem Topf schmelzen. Das Mehl zugeben und 1 Minute anschwitzen. Langsam die restliche Sojamilch zugießen, mit einem Schneebesen glatt rühren und aufkochen. Unter ständigem Rühren einige Minuten köcheln lassen, bis eine dicke Sauce entsteht. Die Sauce mit Salz und Pfeffer abschmecken, Erbsen, Schnittlauch und Estragon unterrühren und in eine ofenfeste Form mit hohem Rand gießen.
Die Fischfilets in mundgerechte Stücke zerteilen und in die Sauce geben.
Die Kartoffeln abgießen und sorgfältig stampfen. Die abgemessene Menge Sojamilch und die restliche Margarine zugeben und unterrühren. Mit Salz und Pfeffer abschmecken und das Püree auf dem Fisch verteilen.
Das Fischgratin etwa 30–35 Minuten backen, bis die Kruste goldbraun ist. Mit Petersilie bestreuen und sofort servieren.

Pro Portion: 505 kcal, 18 g Fett, 4 g gesättigte Fette, 34 g Proteine, 4 g Sojaprotein, 83 mg Calcium, 0,32 g Natrium

Red Snapper mit Kastanien, Äpfeln und Rosinen

Red Snapper ist besonders in den USA sehr beliebt, man bekommt ihn hier aber auch in guten Fischgeschäften. Im Ganzen gegart bleibt der Fisch besonders saftig.

Für 4 Portionen

1 Red Snapper, ca. 1,5 kg (oder 2 kleinere), küchenfertig
Salz, gemahlener Pfeffer
5 Esslöffel Olivenöl
1 Zwiebel, geschält und gehackt
200 g gegarte Esskastanien (Konserve oder Vakuum-Pack)
1 Hand voll Rosinen
4 kleine Äpfel, entkernt und grob gewürfelt
Saft von 1 Orange

Den Backofen auf 200 °C vorheizen.
Den Fisch waschen und trocken tupfen, dann von innen und außen mit Salz und Pfeffer bestreuen. Den Fisch mit 2 Esslöffel Öl einpinseln und in einen Bräter legen.
Für die Sauce das restliche Olivenöl in einem Topf erhitzen. Zwiebel, Kastanien, Rosinen und Apfelwürfel einige Minuten anschmoren, dabei öfter umrühren. Den Orangensaft zugießen und bei niedriger Temperatur 2–3 Minuten köcheln lassen.
Die Sauce über den Fisch geben und im Ofen 30 Minuten backen, bis der Fisch gar ist. Als Garprobe ein Messer an der dicksten Stelle des Fisches einstechen und etwas Fleisch lösen. Wenn es sich leicht von den Gräten lösen lässt, ist der Fisch gar. Den Fisch mit der Sauce auf Portionstellern anrichten. Heiß servieren.

Pro Portion: 506 kcal, 18 g Fett, 3 g gesättigte Fette, 46 g Proteine, 132 mg Calcium, 0,28 g Natrium

Gedämpftes Kabeljaufilet mit buntem Gemüse

Dies ist ein ungemein gesundes Gericht, das voller Geschmack steckt. Die zarte Konsistenz von Kabeljau kommt gedämpft besonders gut zur Geltung. Für 4 Portionen

- 4 Stücke Kabeljaufilet, je ca. 200 g, küchenfertig
- 1 1/2 Esslöffel Pflanzenöl
- 25 g Möhre, geschält und in schmale Streifen geschnitten
- 40 g Mini-Maiskolben
- 50 g Zwiebel, geschält und gehackt
- 50 g Ananas, geschält und gehackt
- 40 g Tomate, gehackt
- 40 g Paprika, geputzt und gehackt
- 30 g Gurke, geviertelt, entkernt und in 4 cm lange Stücke geschnitten
- 30 g Austernpilze, geputzt und je nach Größe halbiert oder geviertelt
- 1 Esslöffel Gemüsebrühe
- 2 1/2 Esslöffel thailändische Fischsauce
- 2 Esslöffel Tomatenketchup
- 1 Esslöffel Zucker
- 1 Esslöffel Weißweinessig

Zuerst den Dämpfer für den Fisch vorbereiten. Etwas Wasser in den Dämpfer geben, den Fisch auf einen Teller legen und im Dämpfeinsatz 10–15 Minuten garen. Wenn Sie keinen Dämpfer haben, lassen Sie den Fisch in etwas Gemüsebrühe bei milder Hitze gar ziehen.

Für die Sauce das Öl in einem Wok oder einer großen Bratpfanne erhitzen. Möhren und Mais zugeben und 30 Sekunden unter ständigem Rühren anbraten. Zwiebel, Ananas, Tomate, Paprika, Gurke und Austernpilze zugeben und unter ständigem Rühren weiterbraten.

Gemüsebrühe, Fischsauce, Tomatenketchup, Zucker und Essig zugeben und unter Rühren weitergaren, bis alle Zutaten gar sind, aber noch Biss haben.

Den Fisch auf Portionsteller legen und mit der Sauce anrichten.

Pro Portion: 247 kcal, 6 g Fett, 1 g gesättigte Fette, 39 g Proteine, 42 mg Calcium, 1 g Natrium

Gebratener Seeteufel mit Zitronen-Kapern-Sauce

Ein einfaches Gericht mit intensivem, klarem Geschmack – so habe ich es gern! Servieren Sie dazu einen knackigen grünen Salat. Für 4 Portionen

- 6 Esslöffel Olivenöl
- 1 kg Seeteufel (Schwanzstück), filetiert, gehäutet und in Steaks geschnitten
- gemahlener schwarzer Pfeffer
- 4 Schalotten, geschält und gehackt
- 1 Esslöffel kleine Kapern, abgespült
- 4 Anchovis in Öl, gehackt
- 3 Esslöffel trockener Weißwein oder Wasser
- 3 Esslöffel frisch gepresster Zitronensaft

3 Esslöffel Öl in einer großen Pfanne erhitzen. Die Fischsteaks bei mittlerer Hitze von jeder Seite einige Minuten – je nach Dicke der Steaks – braten. Wenn eine Seite leicht gebräunt ist, die Stücke wenden und die andere Seite braten. Die Fischsteaks mit Pfeffer würzen und warm stellen.

Für die Sauce das restliche Öl erhitzen. Die Schalotten glasig dünsten, bis sie zu duften beginnen. Kapern und Anchovis zugeben und 2 Minuten mitbraten. Wein oder Wasser zugießen, aufkochen und sofort vom Herd nehmen. Den Zitronensaft zugeben. Den Fisch auf Portionsteller verteilen und mit der Zitronen-Kapern-Sauce anrichten.

Pro Portion: 332 kcal, 18 g Fett, 3 g gesättigte Fette, 40 g Proteine, 35 mg Calcium, 0,26 g Natrium

Hähnchen mit frischen Pfefferkörnern und Mandelblättchen

Die Chilischoten werden einfach ohne Fett in einer Pfanne einige Minuten angeröstet, bis sie zu duften beginnen. Weil sie leicht anbrennen, müssen sie dabei ständig gerührt werden. Für 4 Portionen

- 150 g Weizenmehl
- 200 g Hähnchenbrustfilet, in dünne Scheiben geschnitten
- Pflanzenöl zum Frittieren plus 2 Esslöffel zum Braten
- 2 geschälte Knoblauchzehen, mit 2 frischen Korianderwurzeln zu einer Paste zerrieben
- 7,5-cm-Stück frische Ingwerwurzel, fein gestiftelt
- 2 Esslöffel thailändische Fischsauce
- 1 1/2 Esslöffel Zucker
- 1 Esslöffel grüne Pfefferkörner, frisch oder eingelegt
- 30 g Mandelblättchen
- 2 Frühlingszwiebeln, geputzt und in Stücke geschnitten
- 2 geröstete, getrocknete Chilischoten, gehackt
- 30 g Möhren, geschält und in feine Stifte geschnitten
- 50 g Paprika in verschiedenen Farben, geputzt und in Streifen geschnitten
- frische Korianderblätter zum Garnieren

100 g Mehl mit 130 ml Wasser in einer Schüssel glatt verrühren. Die Fleischstücke in dem Teig wenden, überschüssigen Teig abtropfen lassen. Die Stücke mit dem restlichen Mehl bestauben, um den Teig zu fixieren.

Reichlich Öl in einem Wok auf 180 °C erhitzen. Die Fleischstücke portionsweise 2–3 Minuten frittieren, bis sie knusprig sind und an die Oberfläche steigen. Aus dem Öl nehmen und auf Küchenpapier abtropfen lassen. Warm stellen.

2 Esslöffel Pflanzenöl in einem Wok erhitzen. Knoblauch-Koriander-Paste und Ingwer zugeben und bei mittlerer Hitze 15 Sekunden unter ständigem Rühren anrösten. Mit Fischsauce und Zucker würzen und bei Bedarf mit etwas Wasser verdünnen.

Pfefferkörner, Mandeln, Frühlingszwiebeln, Chilischoten, Möhren und Paprika einrühren. Das Fleisch zugeben und unter ständigem Rühren erwärmen. Auf einer Platte anrichten und mit Korianderblättern servieren.

Pro Portion: 510 kcal, 31 g Fett, 4 g gesättigte Fette, 19 g Proteine, 102 mg Calcium, 0,61 g Natrium

Gebackene Stubenküken mit Zitrone und Oregano

Manche Leute meinen, Zitrone passt nur zu Geflügel und Meeresfrüchten. Meiner Meinung nach, gibt Zitrone auch vielen anderen Gerichten erst den richtigen Pep, wenn man sie nur richtig einsetzt. Für 4 Portionen

- 4 Stubenküken
- Salz, gemahlener schwarzer Pfeffer
- 3 Esslöffel Weizenmehl
- 2 Esslöffel Olivenöl
- 1 Zwiebel, geschält und fein gehackt
- abgeriebene Schale von 1 unbehandelten Zitrone
- Blätter von 2 Zweigen Oregano, fein gehackt
- 350 ml trockener Weißwein

Den Backofen auf 180 °C vorheizen.

Die Stubenküken abspülen, mit Küchenpapier trockentupfen. Rundum mit Salz und Pfeffer würzen und mit Mehl bestauben. Die Stubenküken in eine große ofenfeste Form oder auf die Saftpfanne legen.

Das Öl in einer Pfanne erhitzen, die Zwiebel darin glasig dünsten. Zitronenschale, Oregano und Wein zugeben und offen garen, bis der Wein zur Hälfte eingekocht ist. Mit Salz und Pfeffer würzen.

Die Stubenküken mit der Hälfte der Sauce übergießen und etwa 35 Minuten im Ofen garen. Zwischendurch einmal wenden, dabei mit der restlichen Sauce übergießen.

Die Stubenküken auf Portionsteller legen, mit der Sauce beträufeln. Zu frischem Gemüse, wie beispielsweise Brokkoli und Möhren, servieren.

Pro Portion: 627 kcal, 38 g Fett, 10 g gesättigte Fette, 46 g Proteine, 52 mg Calcium, 0,26 g Natrium

Hähnchenpfanne mit Gemüse und Cashewkernen

Wählen Sie frisches Gemüse der Saison. Wenn Sie alles sehr klein schneiden, sind die Garzeiten nicht so lang. Für 4 Portionen

2 Esslöffel Pflanzenöl
150 g Hähnchenbrustfilet, in dünne Scheiben geschnitten
275 g gemischtes Gemüse der Saison, z. B. Mini-Maiskolben, Brokkoli, Möhren, grüne Bohnen oder Zuckerschoten, geputzt und klein geschnitten
4 Esslöffel Gemüsebrühe
3 Teelöffel Zucker
1 1/2 Esslöffel thailändische Fischsauce
Salz
1 Teelöffel dunkle Sojasauce
1/2 Hand voll geröstete Cashewkerne
3 große geröstete, getrocknete Chilischoten, grob gehackt
frische Korianderblätter zum Garnieren
gekochter Reis (siehe Seite 49) als Beilage

Das Öl in einem Wok erhitzen. Das Fleisch zugeben und unter ständigem Rühren braten, bis es fast gar ist.
Das Gemüse nach und nach zugeben, dabei mit der Sorte mit der längsten Garzeit beginnen. Unter ständigem Rühren braten, bis das Gemüse halb gar ist. Brühe einrühren und mit Zucker, Fischsauce, Salz und dunkler Sojasauce würzen. Die Hähnchenpfanne aufkochen und einige Minuten garen, bis das Gemüse bissfest gar ist. Cashewkerne und geröstete Chili unterrühren.
Fleisch und Gemüse auf einer Platte anrichten und mit Korianderblättern garnieren. Mit gekochtem Reis servieren.

Pro Portion: 165 kcal, 9 g Fett, 1 g gesättigte Fette,
13 g Proteine, 35 mg Calcium, 0,68 g Natrium

Brathähnchen mit Salbei und Balsamico-Essig

Dieses italienisch angehauchte Gericht ist einfach nachzukochen. Planen Sie nur ausreichend Zeit zum Marinieren des Fleisches ein. Für 4 Portionen

50 ml kalt gepresstes Olivenöl
2 Esslöffel Balsamico-Essig
1 Esslöffel gehackter Salbei
1 Knoblauchzehe, geschält und durchgepresst
gemahlener schwarzer Pfeffer
2 kleine Hähnchen (je 500 g), Wirbelsäule entfernt und ausgebreitet oder halbiert

Öl, Essig, Salbei, Knoblauch und Pfeffer verrühren. Die Hähnchen in eine große Schale legen, die Marinade darüber gießen, gut einmassieren und die Schale abdecken. Einige Stunden im Kühlschrank marinieren lassen.
Den Backofen auf 180 °C vorheizen.
Die marinierten Hähnchen auf einen Rost legen und in den Backofen schieben, ein Backblech darunter einschieben. Die Hähnchen 50–60 Minuten garen, dabei häufig mit der abgetropften Marinade einpinseln.
Dazu passen Ofenkartoffeln und ein Blattsalat mit einem Dressing aus Olivenöl und Balsamico-Essig.

Pro Portion: 402 kcal, 32 g Fett, 7 g gesättigte Fette,
28 g Proteine, 19 mg Calcium, 0,11 g Natrium

Schweineleber mit Thai-Basilikum

Mit Chili und Thai-Basilikum duftet und schmeckt dieses Lebergericht unverwechselbar. Versuchen Sie es selbst!

Für 4 Portionen

- 2 Esslöffel Pflanzenöl
- 2 Knoblauchzehen, geschält und mit 1 Chilischote zu einer Paste verarbeitet
- 350 g Schweineleber, in mundgerechte Stücke geschnitten
- 100 g Zwiebel, geschält und in Scheiben geschnitten
- 2 Esslöffel thailändische Fischsauce
- 1 1/2 Teelöffel Zucker
- 1/2 Teelöffel dunkle Sojasauce
- 3 Esslöffel Hühnerbrühe
- 2 rote Chilischoten, längs in Streifen geschnitten
- 1/2 Hand voll Thai-Basilikum
- gekochter Reis (siehe Seite 49) als Beilage

Das Öl in einem Wok oder einer Pfanne erhitzen. Die Knoblauch-Chili-Paste zugeben und bei mittlerer Hitze unter ständigem Rühren 10 Sekunden anrösten.

Die Leberstücke und Zwiebeln zugeben und unter ständigem Rühren einige Minuten anbraten. Mit Fischsauce, Zucker und Sojasauce würzen und gut verrühren. Brühe zugießen, dann die Chilistreifen und das Thai-Basilikum zugeben und 15 Sekunden unter gelegentlichem Rühren durchwärmen. Sofort zu gekochtem Reis servieren.

Pro Portion: 176 kcal, 8 g Fett, 2 g gesättigte Fette, 20 g Proteine, 25 mg Calcium, 0,71 g Natrium

Schweinebraten mit Rosmarin

Ein unkomplizierter Braten, bei dem die Sauce von allein entsteht. Servieren Sie dazu eine Auswahl frischer Gemüsesorten. Wer mag, kann dazu ein nicht zu süßes Apfelkompott servieren, wie es in England üblich ist. Für 5 Portionen

- 1 kg magerer Schweinerollbraten
- Salz, grob geschroteter schwarzer Pfeffer
- 2 Esslöffel Olivenöl
- 1 Selleriestange, gehackt
- 1 Zwiebel, geschält und gehackt
- 1 Knoblauchzehe, geschält und durchgepresst
- 2 Esslöffel gehackte Rosmarinnadeln plus 2 Rosmarinzweige
- 150 ml trockener Weißwein
- 250 ml Gemüsebrühe

Den Backofen auf 180 °C vorheizen.

Das Fleisch mit Salz und schwarzem Pfeffer einreiben. Das Olivenöl in einem ofenfesten Bräter mit Deckel erhitzen und das Fleisch darin rundherum braun anbraten. Herausnehmen, auf eine Platte legen und beiseite stellen.

Gemüse und Rosmarin in den Bräter geben und mit etwas Salz würzen. 5 Minuten anbraten, dann das Fleisch darauf legen. Die Temperatur hochschalten, den Wein zugießen und einige Minuten sprudelnd kochen lassen. Zwischendurch das Fleisch einmal wenden und die Hälfte der Gemüsebrühe zugießen.

Den Deckel auflegen und den Braten im Ofen 1 1/2 Stunden garen, zwischendurch das Fleisch zweimal wenden. Wenn das Gemüse zu trocken wird, etwas mehr Brühe zugießen. 25 Minuten vor Ende der Garzeit die Rosmarinzweige auf das Fleisch legen.

Zum Servieren das Netz und die Schwarte vom Fleisch entfernen, den Braten in Scheiben schneiden und mit der Sauce anrichten.

Pro Portion: 424 kcal, 27 g Fett, 9 g gesättigte Fette, 37 g Proteine, 48 mg Calcium, 0,23 g Natrium

Rotes Enten-Curry mit Ananas und Weintrauben

In Thailand verwendet man für Enten-Curry vorgegartes Fleisch, weil die Ente beim Braten so intensiv riecht, dass ihr Aroma die anderen Zutaten glatt übertönt.

Für 4 Portionen

1 Esslöffel Pflanzenöl
5 Kaffir-Limettenblätter, in Stücke gezupft
4 Esslöffel thailändische rote Currypaste
250 ml Kokosmilch
250 ml Sojamilch
250 g gebratenes Entenbrustfilet ohne Haut, in Scheiben geschnitten
2 Ananasscheiben, in Stückchen geschnitten (Wer Ananas aus der Konserve verwendet, fängt den Saft auf und verwendet ihn statt Wasser. Die Zuckermenge entsprechend reduzieren.)
20 g Erbsen, frisch oder tiefgefroren
8 Cocktailtomaten
1/2 Hand voll kernlose Weintrauben
4 Esslöffel thailändische Fischsauce
1 1/2 Esslöffel Zucker
1 Chilischote, längs in Streifen geschnitten
10–12 Thai-Basilikumblätter
gekochter Reis als Beilage (siehe Seite 49)

In einem Wok oder Schmortopf das Öl erhitzen und die Kaffir-Limettenblätter mit der Currypaste anrösten. Dabei aufpassen, dass die Currypaste nicht anbrennt. Kokosmilch und Sojamilch zugießen, gründlich verrühren und 5–7 Minuten köcheln lassen, bis das Öl sich an der Oberfläche absetzt.

Gebratenes Entenfleisch, Ananasstückchen, Erbsen, Tomaten, Weintrauben und 200 ml Wasser zugeben und aufkochen. Die Temperatur reduzieren und mit Fischsauce und Zucker würzen. Gut umrühren, damit alle Zutaten von der Sauce überzogen sind, und einmal aufkochen.

Mit Chilistreifen und Thai-Basilikum garnieren und mit Reis servieren.

Pro Portion: 337 kcal, 23 g Fett, 11 g gesättigte Fette, 20 g Proteine, 2 g Sojaprotein, 163 mg Calcium, 1,59 g Natrium

Spare Ribs mit Ingwersauce

Die Hälfte meines Lebens habe ich außerhalb von Asien verbracht, doch Spare Ribs habe ich bestenfalls auf den Speisekarten amerikanischer Grillrestaurants gesehen. Sie schmecken gegrillt wirklich gut, aber man kann weit mehr mit ihnen anfangen. Hier ist eine Idee.

Für 4 Portionen

850 g Spare Ribs
2 Esslöffel Pflanzenöl
2 Teelöffel fermentierte Sojabohnen
8 getrocknete Wolkenohr-Pilze, 30 Minuten eingeweicht, abgetropft und trockengetupft
80 g Zwiebel, geschält und in Scheiben geschnitten
2 Esslöffel thailändische Fischsauce
1 1/2 Esslöffel Zucker
1 Esslöffel Weißweinessig
1 Teelöffel dunkle Sojasauce
6-cm-Stück frische Ingwerwurzel, geschält und in feine Stifte geschnitten
4 Frühlingszwiebeln, geputzt und in 5 cm lange Stücke geschnitten
gemahlener weißer Pfeffer
1 rote Chilischote, in dünne Ringe geschnitten
Korianderblätter zum Garnieren

Die Spare Ribs in 5 cm lange Stücke schneiden. 5 Minuten in kochendem Wasser garen, dann bei mittlerer Temperatur weitere 10–15 Minuten garen, bis das Fleisch leicht von den Knochen gleitet. Abgießen und beiseite stellen.

Das Öl in einem Wok oder einer Pfanne erhitzen. Die fermentierten Sojabohnen bei mittlerer Hitze ganz kurz unter ständigem Rühren anrösten. Die gekochten Rippchen zugeben und unter ständigem Rühren 1–2 Minuten mitbraten, bis sie überall von der Sauce bedeckt sind.

1 Esslöffel Wasser zugeben, damit das Fleisch nicht austrocknet. Pilze und Zwiebel zugeben. Mit Fischsauce, Zucker, Essig und Sojasauce würzen. Ingwer und Frühlingszwiebeln zugeben und alles einmal aufkochen. Wenn das Gericht zu trocken ist, etwas Wasser zugeben.

Auf einer Platte anrichten, mit weißem Pfeffer bestreuen und mit Chiliringen und Korianderblättern garnieren.

Pro Portion: 306 kcal, 19 g Fett, 6 g gesättigte Fette, 21 g Proteine, 2 g Sojaprotein, 43 mg Calcium, 0,86 g Natrium

Gelbes Lamm-Curry mit Zwiebeln

In diesem Gericht sind Einflüsse der muslimischen Kultur spürbar, die im Süden Thailands sowie in Malaysia und Indonesien große Bedeutung hat. Für 4 Portionen

310 g Lammfilet, grob gewürfelt
4 Kartoffeln, geschält und grob gewürfelt
Salz
1 Esslöffel Pflanzenöl
4 Esslöffel gelbe Currypaste
200 ml Kokosmilch
200 ml Sojamilch
1 große Möhre, geschält und grob gewürfelt
1 große Zwiebel, geschält und geviertelt
2 Esslöffel thailändische Fischsauce
1 Esslöffel Zucker
6 Kardamomblätter
Naan-Fladen, Fladenbrot oder gekochter Reis (siehe Seite 49) als Beilage

Das Lammfleisch in einen Topf geben und mit Wasser knapp bedecken. Aufkochen und bei kleiner Hitze gar ziehen lassen. Die Kartoffelwürfel in kochendem Salzwasser 10 Minuten garen, abgießen und beiseite stellen.
In einem Wok oder einer großen Pfanne das Öl erhitzen und die gelbe Currypaste unter ständigem Rühren anrösten. Kokosmilch und Sojamilch und 200 ml Wasser zugeben und aufkochen.
Das Lammfleisch abgießen, abtropfen lassen und zur Kokosmilch geben. Kartoffeln, Möhre und Zwiebel ebenfalls zugeben und aufkochen. Die Temperatur reduzieren und bei niedriger Temperatur 10–15 Minuten köcheln lassen, bis die Kartoffeln gar sind und das Fleisch das Aroma der Sauce aufgenommen hat.
Mit Fischsauce, Zucker und Kardamomblättern würzen. Das Lamm-Curry zu Reis, Naan-Fladen oder Fladenbrot servieren.

Pro Portion: 434 kcal, 26 g Fett, 13 g gesättigte Fette, 22 g Proteine, 2 g Sojaprotein, 151 mg Calcium, 0,94 g Natrium

Lammkoteletts mit frischen Pfefferkörnern und Schalotten

Wenn Sie keine frischen Pfefferkörner bekommen, können Sie auch grünen Pfeffer in Lake, Öl oder Essig kaufen und vor der Verwendung gut abspülen. Für 4 Portionen

1 Esslöffel grüne Pfefferkörner
1 Esslöffel gehackte, frische Korianderwurzel
1 Esslöffel Olivenöl
Meersalz, gemahlener schwarzer Pfeffer
4 Lammkoteletts
450 g Schalotten, ungeschält
3 große Kartoffeln, geschält und geviertelt
100 ml Rinderbrühe
30 g reine Pflanzenmargarine

Den Backofen auf 180 °C vorheizen.
Für die Marinade die Hälfte der grünen Pfefferkörner und der Korianderwurzel mit Olivenöl, Salz und Pfeffer verrühren. Das Fleisch rundum mit der Marinade einreiben und abgedeckt im Kühlschrank 20 Minuten marinieren lassen.
Inzwischen die Schalotten und Kartoffeln in einem Bräter im Ofen 45 Minuten garen. Aus dem Ofen nehmen und abkühlen lassen. Die Enden der Schalotten abschneiden, das Innere aus den Schalen drücken. Mit den Kartoffeln beiseite stellen.
Einen Grill oder eine leicht eingeölte Grillpfanne auf höchster Temperaturstufe vorheizen und das marinierte Fleisch 3–5 Minuten von jeder Seite grillen.
Inzwischen die restlichen grünen Pfefferkörner zu den abgekochten Schalotten und Kartoffeln in einen Topf geben. Die Brühe zugießen und kräftig kochen lassen, bis die Brühe fast verdunstet ist. Die Temperatur reduzieren, Margarine und die restliche Korianderwurzel zugeben. Mit Salz und Pfeffer würzen und rühren, bis die Margarine geschmolzen ist. Die gegrillten Lammkoteletts mit Kartoffeln und Schalotten servieren.

Pro Portion: 407 kcal, 19 g Fett, 9 g gesättigte Fette, 34 g Proteine, 71 mg Calcium, 0,28 g Natrium

Boef Stroganoff *Als ich in den USA studierte, wohnte ich bei einem Freund meines Vaters. Er hat dieses Gericht jede Woche für uns gekocht. Weil ich es sehr mag, habe ich beschlossen, eine Variante mit Sojacreme zu entwickeln.* Für 4 Portionen

350 g Rumpsteak, in dicke Streifen geschnitten
gemahlener schwarzer Pfeffer
4 Esslöffel Pflanzenöl
1 Esslöffel reine Pflanzenmargarine
1 große Zwiebel, geschält und in dünne Ringe geschnitten
225 g kleine Champignons, geputzt
4 Esslöffel Cognac
100 ml Rinder- oder Hühnerbrühe
75 ml Sojacreme
75 ml Sojamilch
3 Teelöffel körniger Senf
1 Esslöffel gehackter Estragon
Salz
1 Esslöffel Schnittlauchröllchen
gekochter Reis (siehe Seite 49) oder Nudeln als Beilage

Das Fleisch in dem schwarzen Pfeffer wälzen. Das Öl in einer schweren Pfanne erhitzen, die Fleischstreifen portionsweise einige Minuten anbraten, aus der Pfanne nehmen und warm halten.
Die Margarine erhitzen. Zwiebel und Pilze einige Minuten anbraten. Cognac, Brühe, Sojacreme und Sojamilch zugeben und kochen lassen, bis die Sauce eindickt. Senf und Estragon unterrühren und mit Salz und schwarzem Pfeffer würzen.
Das Fleisch unter ständigem Rühren in der Sauce erhitzen. Mit Schnittlauchröllchen bestreuen und zu gekochtem Reis oder Nudeln servieren.

Pro Portion: 389 kcal, 29 g Fett, 8 g gesättigte Fette, 22 g Proteine, 1 g Sojaprotein, 79 mg Calcium, 0,47 g Natrium

Würzige Linguine mit Rinderhack und Basilikum *Die italienische und die thailändische Küche vertragen sich überraschend gut. Das beweist diese asiatisch-würzige Version der Spaghetti Bolognese – ohne Tomaten. Ein absoluter Renner.* Für 2–3 Portionen

350 g ganz dünne Bandnudeln (Linguine)
Salz
2 Esslöffel kalt gepresstes Olivenöl
1 Knoblauchzehe, geschält mit 1 roten Chilischote zu einer groben Paste verarbeitet
200 g mageres Rinderhackfleisch
80 g Zwiebel, geschält und fein gehackt
1 1/2 Esslöffel thailändische Fischsauce
1 Esslöffel Zucker
1/2 Teelöffel dunkle Sojasauce
1 Chilischote, längs in Streifen geschnitten
10 Blätter Thai-Basilikum

Die Linguine in einem großen Topf in kochendem Salzwasser nach Packungsanleitung bissfest garen. Gut abtropfen lassen.
Inzwischen das Öl in einer Pfanne erhitzen. Die Knoblauch-Chili-Paste zugeben und ganz kurz unter ständigem Rühren anrösten. Das Hackfleisch zugeben und unter ständigem Rühren 2 Minuten anbraten.
Die Zwiebel 20 Minuten mitbraten, mit Fischsauce, Zucker und Sojasauce würzen. Ständig rühren, dabei 2–3 Esslöffel Wasser zugießen. Den Großteil der Chilistreifen und des Thai-Basilikums einrühren und einmal aufkochen.
Die Nudeln in die Sauce geben und gut vermischen. Auf Portionsteller verteilen und mit den restlichen Chilistreifen und Basilikumblättern servieren.

Pro Portion (für 3): 628 kcal, 16 g Fett, 4 g gesättigte Fette, 30 g Proteine, 53 mg Calcium, 0,84 g Natrium

Rinderschmortopf mit Zwiebeln und Yorkshire-Pudding

Die traditionelle englische Küche habe ich in meiner Schulzeit kennen gelernt, und seitdem liebe ich Yorkshire-Pudding mit Bratensauce. Dass sie mit Sojamilch zubereitet ist, wird niemand schmecken. Für 4 Portionen

500 g Rinderschmorfleisch, gewürfelt
750 ml Rinderbrühe
2 Zweige Thymian
Salz, gemahlener schwarzer Pfeffer
400 g große Zwiebeln, geschält und geviertelt
1 1/2 Esslöffel brauner Zucker
2 Esslöffel Weizenmehl
400 g sehr kleine Kartoffeln, geschält
400 g Möhren, geschält und grob gewürfelt

Das Fleisch mit der Brühe, Thymianzweigen, Salz und Pfeffer in einen Schmortopf geben und aufkochen. Das Fleisch 30 Minuten bei mittlerer Hitze zugedeckt schmoren. Die Zwiebeln zugeben, den Zucker einrühren und weitere 20 Minuten köcheln lassen.
Inzwischen den Backofen auf 180 °C vorheizen.
Das Mehl mit etwas Wasser glatt rühren, zugießen und unter ständigem Rühren andicken lassen. Den Inhalt des Topfes in eine ofenfeste Form geben, Kartoffeln und Möhren unterrühren und den Deckel auflegen. Im Ofen mindestens 1 Stunde garen, bis das Fleisch ganz zart ist. Mit Yorkshire-Pudding servieren.

Pro Portion (ohne Yorkshire-Pudding): 382 kcal, 9 g Fett, 4 g gesättigte Fette, 33 g Proteine, 104 mg Calcium, 0,46 g Natrium

Yorkshire-Pudding

80 g Weizenmehl
Salz, gemahlener Pfeffer
1 mittelgroßes Ei, verquirlt
125 ml Sojamilch
2–3 Esslöffel Olivenöl

Den Backofen auf 220 °C vorheizen.
Das Mehl mit je 1 Prise Salz und Pfeffer in eine Schüssel geben. Das verquirlte Ei in die Mitte des Mehls geben, langsam die Sojamilch zugießen und alles zu einem glatten Teig verrühren.
Das Öl auf 8 Mulden eines Muffin-Blechs verteilen und die Formen fetten. Das Muffin-Blech 5 Minuten in den Ofen stellen, bis das Öl heiß ist. Die Form aus dem Ofen nehmen, in jede Vertiefung etwas Teig gießen und 15–20 Minuten backen, bis die Puddings aufgegangen sind und eine Kruste haben.
Zum Rinderschmortopf servieren.

Pro Portion (nur Yorkshire-Pudding): 145 kcal, 8 g Fett, 1 g gesättigte Fette, 4 g Proteine, 1 g Sojaprotein, 40 mg Calcium, 0,12 g Natrium

5 Desserts und Getränke

Asiatischer Obstsalat

Der erfrischende Salat eignet sich gut als Dessert nach einer schweren oder scharfen Mahlzeit. Im Sommer kann man ihn auf zerstoßenem Eis servieren. Wer die eine oder andere Sorte frischer Früchte nicht bekommt, ersetzt sie z. B. durch Lychees, Bananen oder Kiwis. Für 4 Portionen

- 600 ml Orangensaft
- 1 Esslöffel frisch gepresster Limettensaft
- 2 Esslöffel Zucker
- 1 reife, aber feste Mango, geschält
- 1 reife, aber feste Papaya, geschält
- 4 Stück Durian (Jackfrucht)
- 4 frische Datteln
- 1/4 kleine Ananas, geschält, das harte Innere entfernt

Orangen- und Limettensaft mit dem Zucker verrühren.
Die Früchte klein schneiden und in eine große Glasschüssel geben. Den gesüßten Saft darüber gießen, mit Frischhaltefolie abdecken und in den Kühlschrank stellen.
Gekühlt servieren, nach Geschmack mit einem Fruchtsorbet.

Pro Portion: 239 kcal, 1 g Fett, 0 g gesättigte Fette, 3 g Proteine, 66 mg Calcium, 0,02 g Natrium

Knusprige Mango mit Beerensauce und Zimt

Dies ist meine Alternative zu den gebratenen Bananen, die man in jedem asiatischen Restaurant bekommt. Die geeiste Beerensauce harmoniert gut mit den warmen Mangostücken. Die Gäste in meinem Restaurant sind begeistert.
Für 4 Portionen

- 150 g gemischte Beeren (z. B. Himbeeren, Heidelbeeren, Erdbeeren) und 1/2 Hand voll zum Garnieren
- 1 1/2 Esslöffel Zucker
- 100 ml Cranberry-Saft
- Saft von 1 Limette
- Pflanzenöl zum Frittieren
- 2 reife, feste Mangos, geschält und in 1 cm breite Streifen geschnitten
- 50 g Weizenmehl
- 2 Minzezweige
- Zimtpulver

Beeren, Zucker, Cranberry- und Limettensaft im Mixer pürieren und bis zum Servieren kalt stellen.
In einem Wok reichlich Öl zum Frittieren auf 180 °C erhitzen. Die Mangostreifen im Mehl wenden, das überschüssige Mehl abschütteln und die Mangos portionsweise im heißen Öl hellbraun und knusprig frittieren, dabei ein- bis zweimal wenden, damit sie rundherum bräunen.
Mit einer Schaumkelle aus dem heißen Öl nehmen und auf Küchenpapier abtropfen lassen.
Die Mangostreifen auf Portionsteller verteilen. Mit Beeren und Minzezweigen garnieren, mit Zimt bestäuben. Die gekühlte Beerensauce in einem separaten Schälchen dazu reichen.

Pro Portion: 365 kcal, 16 g Fett, 2 g gesättigte Fette, 4 g Proteine, 82 mg Calcium, 0,01 g Natrium

Gebratene Ananas mit gerösteter Kokosnuss

Wie wäre es einmal mit Ananas in Karamellsauce? Wer mag, kann statt des braunen Zuckers auch flüssigen Honig über die Früchte geben. Für 4 Portionen

1 Esslöffel Kokosraspel
1 mittelgroße Ananas, geschält, das harte Innere entfernt, längs halbiert
30 g reine Pflanzenmargarine
4 Esslöffel brauner Zucker
4 Esslöffel frisch gepresster Limettensaft
Limettenscheiben zum Garnieren
milchfreies Kokos- oder Vanilleeis als Beilage

Die Kokosraspel ohne Fett in einer beschichteten Pfanne bei sehr niedriger Temperatur unter ständigem Rühren hellbraun anrösten, beiseite stellen.
Das Ananas-Fruchtfleisch längs in 1–1,5 cm breite Streifen schneiden und beiseite stellen.
Inzwischen die Hälfte der Margarine in einer großen Pfanne erhitzen. Die halbe Menge Ananasstreifen in die Pfanne geben und von jeder Seite einige Minuten bei mittlerer Hitze goldbraun braten.
Die Ananas mit der Hälfte des Zuckers bestreuen und mit der Hälfte des Limettensafts beträufeln. Ständig rühren, damit der Zucker schmilzt. Die Ananasstreifen einmal wenden. Aus der Pfanne nehmen und warm halten. Die restlichen Ananasstreifen ebenso zubereiten.
Die karamellisierten Ananasstreifen auf eine große Platte legen und mit den gerösteten Kokosraspeln bestreuen. Mit Limettenschnitzen garnieren und zu milchfreiem Kokos- oder Vanilleeis servieren.

Pro Portion (ohne Eiscreme): 205 kcal, 8 g Fett, 3 g gesättigte Fette, 1 g Proteine, 45 mg Calcium, 0,06 g Natrium

Pfirsiche mit Baiser und gehackten Mandeln

Saftige, süße Pfirsiche gehören zu meinen Lieblingsfrüchten. Dieses leichte und aromatische Dessert zaubert ein Stückchen Sommer auf den Tisch. Für 4 Portionen

30 g reine Pflanzenmargarine
4 große Pfirsiche, halbiert
1 Esslöffel gehackte Mandeln
1 Eiweiß
40 g brauner Zucker

Den Backofen auf 200 °C vorheizen.
Die Margarine in einer flachen, ofenfesten Form im Ofen schmelzen. Die Pfirsichhälften hineinlegen und mit den Mandeln bestreuen. 20 Minuten garen und gelegentlich wenden, bis die Pfirsiche weich sind.
Inzwischen das Eiweiß in einer fettfreien Schüssel steif schlagen. Den Zucker einrieseln lassen und weiterschlagen, bis die Masse glänzt.
Die Pfirsiche mit der Schnittfläche nach oben in die Form legen. Den Eischnee darauf verteilen und 5 Minuten im Ofen hellbraun überbacken. Die Pfirsiche mit dem Saft und den Nüssen aus der Form heiß servieren.

Pro Portion: 170 kcal, 8 g Fett, 1 g gesättigte Fette, 3 g Proteine, 26 mg Calcium, 0,08 g Natrium

Bratäpfel mit Walnüssen und Vanillesauce

Hier nun ein typisches Herbst- und Winterdessert. Würzen Sie die Apfelfüllung auch einmal mit Zimt oder Lebkuchengewürz. Für 4 Portionen

- 2 grünschalige Äpfel (z. B. Granny Smith), ungeschält, Kerngehäuse ausgestochen
- 2 rotschalige Äpfel (z. B. Red Delicious), ungeschält, Kerngehäuse ausgestochen
- 30 g Walnussstücke
- 30 g Sultaninen
- 2 Esslöffel brauner Zucker
- 2 Esslöffel flüssiger Honig
- 20 g reine Pflanzenmargarine plus etwas zum Fetten
- 285 ml Sojamilch
- 1/2 Esslöffel Kochpuddingpulver mit Vanillegeschmack
- 1 Eigelb
- 1/2 Teelöffel Vanillearoma
- Zucker nach Geschmack

Den Backofen auf 190 °C vorheizen. Eine ofenfeste Form fetten, in der alle 4 Äpfel Platz finden.

Die Löcher in der Mitte der Äpfel mit einem schräg angesetzten Messer auf ca. 2,5 cm Durchmesser vergrößern. Die Äpfel in die Form setzen, mit einer Mischung aus Walnüssen und Sultaninen füllen, mit braunem Zucker bestreuen und mit flüssigem Honig beträufeln. Die Margarine in Flöckchen auf den Äpfeln verteilen. Die Äpfel im Ofen 45 Minuten backen. Eventuell nach 30 Minuten mit etwas Alufolie abdecken.

Für die Sauce 1 Esslöffel Sojamilch mit dem Puddingpulver glatt rühren. Die restliche Sojamilch in einem Topf bis kurz vor dem Aufkochen erhitzen. Eigelb, Vanillearoma und das angerührte Puddingpulver mit dem Schneebesen einrühren und unter ständigem Rühren erhitzen, bis sie eindickt. Nach Geschmack mit Zucker abschmecken.

Die Äpfel heiß mit der Soja-Vanillesauce servieren.

Pro Portion: 287 kcal, 12 g Fett, 2 g gesättigte Fette, 4 g Proteine, 2 g Sojaprotein, 39 mg Calcium, 0,07 g Natrium

Birnencrumble

Für den knusprigen Belag dieses Klassikers braucht man keine Milchprodukte. Verwenden Sie frische Früchte der Saison: Stachelbeeren, Kirschen, Aprikosen und Äpfel schmecken unter der knusprigen Streuselschicht ebenso lecker.

Für 4 Portionen

- 105 g reine Pflanzenmargarine
- 6 reife, feste Birnen, geschält, entkernt und gewürfelt
- 160 g Zucker
- 165 g Weizenmehl
- Vanillesauce (siehe links) zum Servieren

Den Backofen auf 180 °C vorheizen.

25 g Margarine in einem Topf zum Schmelzen bringen. Die Birnenstücke zugeben und bei hoher Temperatur unter ständigem Rühren andünsten, bis sie weich sind und der Großteil der Flüssigkeit verdunstet ist. 50 g Zucker zugeben und rühren, bis er aufgelöst ist.

Früchte und Sirup in eine ofenfeste Form geben.

Die restliche Margarine, den restlichen Zucker und das Mehl in einer Schüssel zu einer krümeligen Masse vermengen und die Streusel auf den Birnen verteilen. Den Birnencrumble 25–30 Minuten backen, bis die Kruste goldbraun ist. Heiß mit Vanillesauce servieren.

Pro Portion: 581 kcal, 22 g Fett, 4 g gesättigte Fette, 5 g Proteine, 2 g Sojaprotein, 88 mg Calcium, 0,22 g Natrium

Schwarzer Reispudding mit frischer Kokosnuss

In Thailand verwendet man Kokosmilch oder -creme für die Zubereitung von Puddings und Desserts. Wie praktisch, wenn man sich milchfrei ernähren möchte.

Für 4 Portionen

1/4 Teelöffel Salz
75 ml Kokoscreme
275 g schwarzer Klebreis
225 g Zucker
125 g frisches Kokosnuss-Fruchtfleisch, in Streifen geschnitten oder gehobelt

Salz und Kokoscreme in einem Topf verrühren und bei sehr niedriger Temperatur erhitzen, bis sich das Salz gelöst hat, dabei ständig rühren. Die Kokoscreme vom Herd nehmen und beiseite stellen.

Den Reis in einem Sieb waschen, bis das ablaufende Wasser klar ist. In einen Topf geben und 600 ml Wasser zugeben. Den Reis aufkochen und bei mittlerer Hitze köcheln lassen, bis der Reis gar ist und die Körner aufplatzen. Den Zucker zugeben und unter ständigem Rühren vollständig auflösen.

Den Reispudding in Portionsschälchen füllen. Jede Portion mit frischen Kokosnuss-Streifen und einem Klecks Kokoscreme anrichten. Unmittelbar vor dem Essen Kokoscreme und Kokosnuss-Streifen unterrühren.

Pro Portion: 546 kcal, 9 g Fett, 7 g gesättigte Fette, 7 g Proteine, 15 mg Calcium, 0,16 g Natrium

Bananen in Kokosmilch mit Maiskörnern

Ein üppiges, nahrhaftes Dessert mit duftender Kokossauce. Pandandus-Blätter bekommt man im asiatischen Lebensmittelgeschäft. Man kann sie aber auch weglassen, weil der Sesam aromatisch genug ist. Für 4 Portionen

2 Esslöffel Sesamsamen
400 ml Kokosmilch
1 Pandandus-Blatt, gewaschen, abgetrocknet und zum Knoten geschlungen (nach Belieben)
100 g Zucker
1/2 Teelöffel Salz
4 Esslöffel Maiskörner, tiefgefroren oder aus der Konserve
4 reife, feste, mittelgroße Bananen, geschält, längs halbiert und in je 6–8 Stücke geschnitten

Die Sesamsamen in einer beschichteten Pfanne ohne Fett rösten, bis sie hellbraun sind und duften. Beiseite stellen.

Die Kokosmilch in einem Topf aufkochen. Das Pandandus-Blatt (falls verwendet) zugeben und einige Minuten köcheln lassen. Zucker und Salz einrühren, den Mais zugeben und 1–2 Minuten mitkochen.

Dann die Bananenstücke zugeben und etwa 1 1/2 Minuten köcheln lassen, bis die Bananenstücke heiß, aber nicht weich sind. Das Pandandus-Blatt entfernen.

Bananen und Kokossauce in Portionsschälchen füllen. Mit geröstetem Sesam bestreuen und warm servieren.

Pro Portion: 383 kcal, 18 g Fett, 14 g gesättigte Fette, 4 g Proteine, 55 mg Calcium, 0,35 g Natrium

Crème Caramel mit Kokos

Ein europäischer Klassiker im neuen, milchfreien Gewand. Die Kokosmilch sorgt für ein besonderes Aroma. Dieses Dessert begeistert auch Gäste.

Für 6 Portionen

165 g Zucker
400 ml Kokosmilch
3 Eier
einige Tropfen Vanillearoma

Den Backofen auf 150 °C vorheizen.

65 g Zucker in einem Topf bei mittlerer Temperatur erhitzen und erst rühren, wenn der Zucker an den Rändern zu karamellisieren beginnt. Weiter erhitzen und rühren, bis er goldbraun wird. Den Karamell rasch in 4 ofenfeste Förmchen oder ofenfeste Tassen gießen. Die Förmchen in einen ofenfesten Bräter stellen.

Die Kokosmilch in einem Stieltopf erwärmen, aber nicht kochen lassen.

Die Eier in einer Schüssel mit dem restlichen Zucker sehr cremig schlagen, bis die Masse ganz hell wird und der Zucker aufgelöst ist. Langsam unter ständigem Rühren die warme Kokosmilch zugießen, mit Vanillearoma würzen.

Die Creme durch ein Sieb gießen und gleichmäßig in die Förmchen verteilen. Den Bräter mit so viel heißem Wasser füllen, dass die Förmchen etwa halb hoch im Wasser stehen. Den Bräter in den Ofen schieben und 35–40 Minuten backen, bis die Creme fest ist. Abkühlen lassen und kalt stellen.

Kurz vor dem Servieren den Rand der Creme mit einem Messer lösen, dann auf Portionsteller stürzen.

Pro Portion: 262 kcal, 14 g Fett, 10 g gesättigte Fette, 5 g Proteine, 39 mg Calcium, 0,17 g Natrium

Zitronen-Käse-Kuchen mit Erdbeeren

Lemon Curd ist eine cremige Zitronenmasse, die es auch bei uns mittlerweile in guten Geschäften zu kaufen gibt. Häufig wird sie allerdings mit Butter hergestellt. Sie können stattdessen auch eine helle Konfitüre (z. B. Aprikose) erwärmen und auf den Kuchen streichen. Für 6 Portionen

50 g reine Pflanzenmargarine
130 g Zucker
175 g Vollkornkekse ohne Milchbestandteile, zerbröselt
Saft und abgeriebene Schale von 1 unbehandelten Zitrone
1 Esslöffel gemahlene Gelatine oder eine vegetarische Alternative, z. B. Agar Agar
225 g laktosefreier Quark oder cremiger Tofu
150 ml Sojamilch
3 Esslöffel Lemon Curd ohne Milchbestandteile
einige frische Erdbeeren zum Dekorieren

Die Margarine erwärmen und 50 g Zucker darin auflösen. Die zerkrümelten Kekse einrühren und gut vermischen. Die Masse auf dem Boden einer Springform (20 cm Durchmesser) verteilen, andrücken und kalt stellen.

Für die Füllung Zitronensaft und -schale, 4 Esslöffel Wasser und Gelatine in einer Schüssel über einem heißen Wasserbad erwärmen, bis die Gelatine gelöst ist. Abkühlen lassen. Den Quark in einer großen Schüssel glatt rühren. Sojamilch und den restlichen Zucker einrühren, dann die aufgelöste Gelatine zugeben und alles gut vermischen. Die Quarkmasse auf dem Tortenboden verteilen und 3–4 Stunden kalt stellen.

Den Kuchen aus der Form nehmen und auf eine Platte legen. Die Oberfläche mit Lemon Curd bestreichen und mit Erdbeerscheiben dekorieren.

Pro Portion: 349 kcal, 14 g Fett, 3 g gesättigte Fette, 10 g Proteine, 1 g Sojaprotein, 107 mg Calcium, 0,24 g Natrium

Schokoladenbrownies mit Bananen und Esskastanien

Benutzen Sie auf alle Fälle dunkle Schokolade mit einem sehr hohen Kakaoanteil, denn diese enthält keine Milchbestandteile. Achten Sie auf die Zutatenliste auf der Schokoladenpackung. Für 8–12 Portionen

- 275 g dunkle Schokolade (mindestens 75 % Kakaoanteil)
- 200 g reine Pflanzenmargarine plus etwas zum Fetten
- 2 vollreife, mittelgroße Bananen, geschält
- 2 mittelgroße Eier
- 120 g Weizenmehl
- 1/2 Teelöffel Backpulver
- 120 g Zucker
- 1/2 Teelöffel Salz
- 200 g gegarte Esskastanien (Konserve oder Vakuum-Pack)

Den Backofen auf 175 °C vorheizen.

175 g Schokolade in Stücke brechen und mit 175 g Margarine in eine hitzefeste Schüssel geben. Auf einem leicht köchelnden Wasserbad unter gelegentlichem Rühren schmelzen.

Die Bananen in einer großen Schüssel mit einem Kartoffelstampfer zerdrücken. Die Eier zugeben und gründlich unterrühren. Mehl, Backpulver, Zucker und Salz zugeben, die warme Schokoladenmischung zugießen und alles zu einem glatten Teig verrühren.

Den Großteil der Esskastanien unter den Teig heben. Den Teig in eine gefettete, beschichtete Rechteckform (18 × 25 × 2,5 cm) füllen. Darauf achten, dass die Esskastanien gleichmäßig verteilt sind. Die restlichen Kastanien in eventuelle Lücken drücken. Alle Kastanien müssen mit Teig bedeckt sein. Auf mittlerer Einschubleiste 25–30 Minuten backen, dann 10–15 Minuten in der Form abkühlen lassen.

Für die Sauce restliche Schokolade und Margarine über einem Wasserbad schmelzen.

Die Brownies lauwarm in Quadrate schneiden und mit der heißen Schokoladensauce servieren.

Pro Portion (für 12): 383 kcal, 25 g Fett, 8 g gesättigte Fette, 4 g Proteine, 40 mg Calcium, 0,25 g Natrium

Kaffeecremetorte

Eine herbsüße Köstlichkeit, die jede Kaffeetafel bereichert. Keiner Ihrer Gäste wird merken, dass Sie bewusst auf Milchprodukte verzichten. Für 6–8 Portionen

- 110 g Weizenmehl
- 3 Teelöffel Backpulver
- 1 Prise Salz
- 110 g Zucker
- 4 große Eier, getrennt
- 180 ml Erdnussöl
- 2 Esslöffel Instant-Kaffeepulver
- 1/2 Teelöffel Weinsteinsäure
- 110 g reine Pflanzenmargarine
- 175 g Puderzucker

Den Backofen auf 170 °C vorheizen.

Mehl, Backpulver, Salz und die Hälfte des Zuckers in eine Schüssel geben, in die Mitte eine Vertiefung drücken. Eigelb, Öl, 180 ml Wasser und 1 Esslöffel Instant-Kaffeepulver in die Vertiefung geben. Alle Zutaten zu einem glatten Teig verrühren.

Das Eiweiß mit der Weinsteinsäure in einer fettfreien Schüssel zu Schnee schlagen. Den restlichen Zucker einrieseln lassen und weiterschlagen, bis die Masse glänzt. Den Eischnee unter den Teig heben.

Den Teig in eine ungefettete Springform (20 cm Durchmesser) füllen und 40 Minuten backen, bis er aufgegangen ist und sich elastisch anfühlt. Aus der Form stürzen und auf einem Gitterrost abkühlen lassen.

Für die Füllung die Margarine mit Puderzucker und 1 Teelöffel Instant-Kaffeepulver cremig rühren.

Den abgekühlten Kuchen einmal quer durchschneiden. Die untere Hälfte mit der Hälfte der Creme bestreichen. Die obere Teighälfte wieder aufsetzen. Den Kuchen rundherum mit der restlichen Creme bestreichen, mit etwas Instant-Kaffeepulver bestreuen und bis zum Servieren kalt stellen.

Pro Portion (für 8): 492 kcal, 32 g Fett, 6 g gesättigte Fette, 5 g Proteine, 83 mg Calcium, 0,41 g Natrium

Mungobohnen in Zuckersirup

Dies ist eines der wenigen thailändischen Desserts ohne Kokosmilch. Ich mag es auch als gesunden Snack zwischendurch. Für 4–6 Portionen

225 g Mungobohnen, getrocknet
225 g brauner Zucker

Die Bohnen gründlich verlesen, waschen und mit warmem Wasser bedecken. Mindestens 2–3 Stunden, besser über Nacht, einweichen. Nochmals waschen und gut abtropfen lassen.
Die Mungobohnen in 1,2 Liter Wasser aufkochen und bei mittlerer Temperatur 30–45 Minuten kochen, bis sie gar sind und aufplatzen.
Den braunen Zucker zugeben und unter Rühren auflösen. Nochmals aufkochen, dann vom Herd nehmen. Heiß oder kalt servieren.

Pro Portion: 371 kcal, 1 g Fett, 1 g gesättigte Fette, 14 g Proteine, 82 mg Calcium, 0,02 g Natrium

Kandierte Cassava mit Sojacreme

Cassava ist in europäischen Supermärkten selten zu finden, doch man bekommt sie auf Märkten in Stadtteilen mit einem hohen Anteil indischer und afrikanischer Einwohner. Diese Völker verwenden viele verschiedene Wurzelgemüse. Für 4 Portionen

150 ml Sojacreme
1 Prise Salz
300 g Zucker
700 g Cassava-Wurzel, geschält, längs halbiert und in 7,5 cm große Stücke geschnitten

Sojacreme mit dem Salz in einem kleinen Topf bei niedriger Temperatur erhitzen. Ständig rühren, bis das Salz vollständig aufgelöst ist. Beiseite stellen.
Zucker und 500 ml Wasser in einem Wok aufkochen.
Die Temperatur reduzieren, die Cassava-Stücke zugeben. Sie müssen komplett von dem Sirup bedeckt sein. 20–30 Minuten köcheln lassen, bis die Cassava gar ist und den Sirup weitgehend aufgenommen hat. Dabei gelegentlich rühren, um den Sirup gleichmäßig zu verteilen.
Vom Herd nehmen und in Portionsschälchen füllen. Vor dem Servieren mit der leicht gesalzenen Sojacreme beträufeln.

Pro Portion: 611 kcal, 7 g Fett, 1 g gesättigte Fette, 2 g Proteine, 1 g Sojaprotein, 73 mg Calcium, 0,13 g Natrium

Wassermelonen-Granita

Wer nicht genug Zeit hat, die Masse regelmäßig aus dem Eisfach zu nehmen und durchzurühren, kann das Fruchtfleisch auch mit Sirup, Eiswürfeln und einem Spritzer Limettensaft zu einem erfrischenden Drink verarbeiten. Für 4 Portionen

- 100 g Zucker
- 500 g Wassermelone plus 4 kleine Melonenschnitze mit Schale zum Garnieren
- 2 Esslöffel frisch gepresster Limettensaft

Zucker und 100 ml Wasser in einem Topf erhitzen, bis der Zucker gelöst ist. In eine Schüssel gießen und abkühlen lassen.
Die Melone in Schnitze schneiden, schälen und die Kerne entfernen. Das Fleisch würfeln und im Mixer glatt pürieren.
Den abgekühlten Zuckersirup und Limettensaft unter das Melonenpüree rühren, in eine flache Form füllen und 1 1/2 Stunden einfrieren. Aus dem Eisfach nehmen, mit einer Gabel durchrühren und wieder einfrieren. Im Abstand von jeweils 30 Minuten noch viermal aus dem Eisfach nehmen und durchrühren.
Die Granita in dekorativen Gläsern servieren. Die Melonenschale halb von den Schnitzen abschneiden und auf die Gläser stecken.

Pro Portion: 138 kcal, 1 g Fett, 0 g gesättigte Fette, 1 g Proteine, 12 mg Calcium, 0,01 g Natrium

Orangen-Sojajoghurt-Eis

Wenn Sie keine Milchprodukte vertragen, brauchen Sie nicht auf cremiges Eis zu verzichten. Ersetzen Sie einfach die Sahne durch Sojacreme. Anstelle des Orangensaftes können Sie auch Limetten- oder Zitronensaft verwenden. Für 6 Portionen

- 6 Esslöffel frisch gepresster Orangensaft
- 500 ml Sojajoghurt
- 150 ml Sojacreme
- 100 g Zucker
- Orangenschalenstreifen von 1 unbehandelten Frucht zum Garnieren

Den Orangensaft in einer Schüssel mit Sojajoghurt, Sojacreme und Zucker verrühren. Die Masse in einem Eiscremebereiter nach Herstelleranweisung kühlen.
Wer keinen Eiscremebereiter besitzt, stellt die Masse 1–2 Stunden in den Gefrierschrank, bis sie an den Rändern fest wird und rührt mit einer Gabel gut durch. Mindestens weitere 2–3 Stunden in den Gefrierschrank stellen.
Zum Servieren aus dem Eis Kugeln formen und mit Orangenschalenstreifen garnieren.

Pro Portion: 175 kcal, 8 g Fett, 1 g gesättigte Fette, 5 g Proteine, 4 g Sojaprotein, 27 mg Calcium, 0,01 g Natrium

Geeiste Cappuccino-Creme

Sie sind ein Cappuccino-Fan? Dann probieren Sie dieses edle Dessert! Wer mag, kann etwas Sojacreme wie Schlagsahne aufschlagen und auf das Dessert geben. Für 4 Portionen

300 ml Sojamilch
6 Teelöffel Instant-Kaffeepulver
1 Ei und 3 Eigelb
125 g Zucker
dunkles Schokoladenpulver
4 Zweige Minze

Den Backofen auf 180 °C vorheizen.
Die Sojamilch mit dem Instant-Kaffeepulver in einem Topf erwärmen. Ei und Eigelb mit dem Zucker cremig rühren. Die warme Sojamilch dazugießen und gut unterrühren.
4 ofenfeste Kaffeebecher in einen Bräter stellen und die Mischung einfüllen. Heißes Wasser in den Bräter füllen, bis die Kaffeebecher etwa halb hoch im Wasser stehen.
Den Bräter in den Ofen schieben und die Cappuccino-Creme 30 Minuten garen. Aus dem Ofen nehmen, abkühlen lassen, dann 1 1/2 Stunden in den Kühlschrank stellen.
Mit dunklem Schokoladenpulver bestreuen und mit Minzeblättern garnieren.

Pro Portion: 245 kcal, 9 g Fett, 3 g gesättigte Fette, 7 g Proteine, 2 g Sojaprotein, 52 mg Calcium, 0,05 g Natrium

Mango-Smoothie

Ob ein Smoothie himmlisch oder nur »na ja« schmeckt, hängt von der Wahl der Früchte ab. Mindestens eine Obstsorte muss für die cremige Konsistenz sorgen, damit man auf Joghurt oder Sahne verzichten kann. Für 4 Portionen

600 ml Sojamilch, gekühlt
200 ml Mangosaft, gekühlt
2 Esslöffel brauner Zucker
2 reife Mangos, entsteint, gewürfelt und gefroren
2 Bananen, in Scheiben geschnitten und gefroren

Sojamilch, Mangosaft und Zucker auf niedriger Stufe im Mixer glatt pürieren. Mango- und Bananenwürfel zugeben und nochmals pürieren.

Pro Portion: 220 kcal, 3 g Fett, 1 g gesättigte Fette, 5 g Proteine, 4 g Sojaprotein, 46 mg Calcium, 0,05 g Natrium

Heißer Zitronengras-Drink

Entscheiden Sie selbst, ob Sie dieses Getränk mit Zucker oder Honig süßen möchten. Ich bevorzuge Honig und gebe gern noch einen Spritzer frischen Zitronen- oder Limettensaft dazu. Wer kein Zitronengras mag, sollte es einmal mit Ingwer probieren – dann aber ohne Zitrone.
Für 4 Portionen

4 Stiele Zitronengras, leicht zerdrückt
3 Esslöffel brauner Zucker oder Honig

750 ml Wasser in einem kleinen Topf aufkochen. Das Zitronengras zugeben und 7–8 Minuten bei mittlerer Hitze köcheln lassen, bis sich das Wasser gelblich färbt.
Das Zitronengras herausnehmen, Zucker oder Honig (nach Geschmack) zugeben und unter Rühren auflösen. Sofort heiß servieren.

Pro Portion: 3 kcal, 0 g Fett, 0 g gesättigte Fette, 0 g Proteine, 2 mg Calcium, 0,01 g Natrium

Adressen

Deutschland
Deutscher Allergie- und Asthmabund e.V. (DAAB)
Fliethstraße 114
41061 Mönchengladbach
Tel.: (0 21 61) 81 49 40
www.daab.de

Deutsche Reizdarmselbsthilfe e.V.
Mörikeweg 2
31303 Burgdorf
Tel.: (0 51 36) 89 61 06
www.reizdarmselbsthilfe.de
www.ibs-liga.de

VDOe
Verband der Diplom-Oecotrophologen
Rheuterstraße 161
53113 Bonn
Tel.: (02 28) 28 92 20
www.vdoe.de

Deutsche Gesellschaft für Ernährung e.V.
Godesberger Allee 18
53175 Bonn
Tel.: (02 28) 3 77 66 00
www.dge.de

Gemeinnützige Elterninitiative Galaktosämie e.V.
Im Talgarten 25
66386 St. Ingbert
Tel.: (0 61 51) 957515
www.galaktosaemie.de

Libase.de
Internet-Forum zum Thema Laktose-Intoleranz, aber auch zu Allergien und anderen Lebensmittel-Unverträglichkeiten, wie beispielsweise Fructoseintoleranz, Histaminintoleranz, Galaktosämie, Zöliakie oder dem Reizdarmsyndrom.
Bietet Betroffenen neben der Möglichkeit des Austausches hilfreiche und aktuelle Informationen, Lebensmittellisten, Bezugsquellen von Milch-Alternativen und Adressen von Selbsthilfegruppen.
www.libase.de

Schweiz
Schweizerische Elternvereinigung asthma- und allergiekranker Kinder (SEAAK)
Südbahnhofstrasse 14 C
3000 Bern 14
Tel.: + 41 031 378 20 10
Fax: + 41 031 378 20 11
www.seaak.ch

Österreich
Österreichische Gesellschaft für angeborene Stoffwechselstörungen (ÖGAST)
Bereich Galaktosämie
Speckbachergasse 19/26
1160 Wien
www.galaktosaemie.at

Sachregister

Rezeptregister

Wichtiger Hinweis

Die im Buch veröffentlichten Ratschläge wurden mit größter Sorgfalt von Verfassern und Verlag erarbeitet und geprüft. Eine Garantie kann jedoch nicht übernommen werden. Ebenso ist eine Haftung der Verfasser bzw. des Verlages und seiner Beauftragten für Personen-, Sach- oder Vermögensschäden ausgeschlossen.

Bibliografische Information
Die Deutsche Bibliothek
Die Deutsche Bibliothek verzeichnet diese Publikation in der Deutschen Nationalbibliografie; detaillierte bibliografische Daten sind im Internet über http://dnb.ddb.de abrufbar.

Veröffentlicht bei Kyle Cathie Limited
122 Arlington Road
London NW1 7HP

Erscheinungsjahr 2005

Projektleitung: Ute Kröger
Kathrin Gritschneder,
Übersetzung: Wiebke Krabbe
Redaktion: Astrid Büscher
Korrektorat: Damla Özbay
Herstellung: Dagmar Guhl
Satz: W. Vornehm Premedia, München
Fotos: Martin Brigdale
Umschlag: ZERO, München
Umschlagfoto: Brigitte Sporrer,
Foodstyling: Julia Skowronek
Printed in Singapore

ISBN-13: 978-3-426-64331-0
ISBN-10: 3-426-64331-6

5 4 3 2 1

Bitte besuchen Sie uns im Internet: www.knaur-ratgeber.de

Weitere Titel aus den Bereichen Gesundheit, Fitness und Wellness finden Sie im Internet unter www.wohl-fit.de.